José Mª Fdez. CHIMENO

Urraca I
(la reina descalza)

EOLAS
ediciones

Dedico esta obra de teatro a mis hijos Sara Mª y Diego
(*la alegría de los hijos hace palpitar los corazones de los padres*)
Papa Francisco

Sciencia vos liberabit
Doctrina vos liberos reddet

Índice

TEATRO: Urraca I (la reina descalza)

Prólogo

Urraca I resultó ser en su tiempo una mujer ciertamente inusual por todo cuanto hizo, que fue mucho, en un espacio siempre ocupado con exclusividad por los hombres. Además, y como efecto colateral, esperado como cabía esperar, acabó siendo una reina desconcertante para todos, tanto para sus partidarios como para sus detractores, puesto que reinar como lo hubiera hecho un rey, convencida de su poderío, suponía un cambio de papeles absolutamente inesperado. Así las cosas, su aparición, que no tenía una ruta de viaje previamente establecida, resultó necesaria para muchos, pero demasiado inconveniente para unos cuantos.

Su aparición en la escena política fue un auténtico tsunami que movió los cimientos monárquicos, siempre arquetípicos, tan dominados por los reyes, puesto que la mujer no contaba sino para el placer y engendrar hijos que perpetuaran los linajes. Todo ocurrió en una España que ya existía como territorio bien definido, pese a que aún hoy en día haya historiadores que defiendan lo contrario, asegurando que en el siglo XII hablar de España era una entelequia. España. Hispania. León. Tres términos que Urraca I se apropió por el simple derecho que tenía sobre unos territorios emblemáticos registrados en la Historia.

Reinó durante 17 años, sin la tutela directa de ningún hombre, algo que era casi una utopía. La realidad fue que el destino la señaló con el dedo caprichoso de una desgracia familiar: la muerte de su hermanastro Sancho en la desastrosa batalla de Uclés. Como había sido educada por su padre Alfonso VI para reinar, sin que él supiera que un día nacería Sancho de un amor irresistible con la mora Zaida, y esa circunstancia relegaría a Urraca a ser una infanta tan querida como apartada del poder. Sin embargo, después de la muerte de su hermanastro y ya huérfana, la Corona cayó sin dilación en sus manos. Quienes dudaron del interés de ella para aceptar la Corona, incluso creyendo que la parasitaría el temor a gobernar, pronto se dieron cuenta de que no surgiría ningún vacío de poder. Nada más que le llegó la orfandad, en ese momento dominado por el dolor y la incertidumbre, la infanta Urraca comprendió que tenía la obligación y el derecho de reinar, y asumió estos determinantes sin dobleces, pesara a quien quisiera zaherir, defendiendo la fiereza de su potestad regia con encono, sin miramientos: brutal si las circunstancias políticas así lo exigían; clemente si la ocasión resultaba propicia. España. Hispania. León.

Comenzaron a etiquetarla como *la Temeraria*, no porque causara pavor e infundiera miedo entre sus vasallos por actitudes próximas a la violencia, ni que se vistiera con armadura en algunos conflictos armados, ni acaso debido a que las lenguas pérfidas de algunos nobles y no pocos clérigos de alto rango la responsabilizaran de los males de su reino. El apodo era el efecto añadido a su arrojo como mujer, sorprendente y única, sin duda una pionera adelantada a su tiempo, donde despuntaron en ella la desinhibición sexual, una religiosidad alejada de la mojigatería y unas pautas de gobierno inesperadas en una mujer inmersa en un momento histórico con múltiples conflictos territoriales. Y al final de sus días en Saldaña, en aquel año singular de 1126, le entregó a su hijo Alfonso VII el poder de una España ya diseñada para afrontar los proyectos derivados de la expansión y el fortalecimiento de la Monarquía. En este aspecto nunca le asaltaron las dudas: el hijo heredaría más de lo que ella había recibido de su padre.

Urraca I dio carpetazo al arquetipo femenino del siglo XII. Verdaderamente, le importó muy poco lo que pensaran de su honra, nunca se preocupó de parir más de lo que le concedieran la naturaleza y la suerte, su religiosidad nunca fue un teatro para agradar a los altos prebostes de la Iglesia católica y la obediencia a sus dos esposos la ejecutó libremente, según discurrieron los acontecimientos domésticos. Esta manera de comportarse le colocó atribuciones de tirana, mujer colérica, sentenciada con un ánimo mujeril despreciable y hembra de inmoral comportamiento. En fin, una *Temeraria* de guion.

¿Qué importaba la exageración? ¿Qué trascendencia tenía que los opositores repitieran que no pasaría de ser una reina débil, incapaz de gobernar con la paz precisa y la justicia necesarias? Dejados a su libre albedrío, ejecutados con desdén y una inusitada insistencia, cada dardo buscaba destrozarla como mujer y como soberana, hacer del ridículo la enseña; agraviar más allá de lo imaginable. Urraca I hizo oídos sordos a las maledicencias y las burlas, y ante la perplejidad de todos, firmaba los decretos como 'Reina de León y Emperatriz de España'. Hispania. España. León.

No sucumbió al descorazonador matrimonio con su segundo marido Alfonso I *el Batallador*. Rey de Aragón y Pamplona, misógino por devoción y homosexual por inclinación, encontró en Urraca I el lugar perfecto donde ubicar sus dotes de maltratador. Ella, obediente para contraer aquel desposorio por los deseos debidos a su padre, el maltrato que soportó en más de una ocasión la incitó a tomarse la venganza por su mano: odió profundamente a su esposo, pero no usó la daga; le espetó a la cara cuanto pensaba de él, si bien lo hizo con prestancia de reina legítima y honor intacto de mujer. Se libró de su presencia después de la anulación matrimonial venida desde Roma en 1114, algo que en los círculos más fanáticos sonaba a escándalo.

En lo que se refiere a su primer marido Raimundo de Borgoña, tuvo etapas de moderada felicidad superada la etapa de la posadolencencia, teniendo en cuenta que se desposó a los 13 años, pero la muerte de él, con toda seguridad por problemas cardíacos, le dejó a ella un poso de melancolía, puesto que, joven todavía, no estaba preparada para los rigores de la vida. La descendencia de ambos con nombres conocidos: Sancha y Alfonso, este futuro Alfonso VII. Tuvo amor sentido y sincero con Gómez González de Candespina. Con toda seguridad el hombre de su vida fue Pedro González de Lara, con quien recuperó los beneficios del amor, si bien se vio obligada en aquel periodo vital a sobrellevar con la astucia el aluvión de las críticas. Si no consiguió ignorarlas, sí acertó a negociarlas de la manera más conveniente para su estabilidad emocional. ¡Amados hombres; al cesto las injurias! Con Pedro González de Lara tuvo un hijo y una hija, Elvira y Fernando, vástagos que los opositores decían que tenían la medalla y el poso amargo del adulterio.

La teoría de que Urraca I ofreció para el futuro la bandera del feminismo, es una interpretación más que desacertada, ciertamente sin la necesaria sustancia, porque la percepción actual nada tiene que ver con los postulados del siglo XII. En aquel mundo estático dominado por los hombres no tenía cabida lo que hoy entendemos como feminismo. Ella reinó sin detenerse en posiciones contestatarias, alejada de la lucha entre los sexos, sabedora de que con su muerte los cauces seguirían siendo varoniles: el predominio masculino se perpetuó a lo largo de los siglos y ni siquiera apenas nada cambió con el reinado compartido de Isabel la Católica con Fernando de Aragón. ¿Machismo? ¿Feminismo? Dos conceptos inexistentes en la Alta Edad Media y la Baja Edad Media, así como en el Renacimiento, a la espera de que en el siglo XVIII surgieran los primeros brotes verdes a favor de las mujeres.

Y es aquí, en este muy breve repaso de su vida, concedido por la inmediatez de un prólogo, donde ocupa su importancia la obra de teatro *Urraca I (la reina descalza)* de José María Fernández Chimeno. La singularidad de esta obra es saber ocupar el espacio que no tienen el ensayo y la ficción. El teatro es «otra forma» de masticar la Historia: es una invención literaria con los protagonistas visibles, más cercanos, y J. F. Chimeno consigue con este libreto poner a estas figuras de carne y hueso al lado de nuestra propia sombra, como si pudiéramos tocarlos, sentir sus vibraciones, academizar la fonética de sus voces. En esta obra sentimos la desesperanza de Urraca I, nos arrullamos en sus prevenciones pesimistas ante un parto inminente, ella ya mortificada también por una tuberculosis pulmonar.

El parto en aquellos siglos era una asignatura terrible, donde los percances negativos resultaban demasiados frecuentes. Las distocias del cordón umbilical y la posición de nalgas eran temibles para parturientas y las parteras, así como la mala resolución del alumbramiento con hemorragias brutales. En los partos dramáticos se recurría a la suerte y a las plegarias, y una cesárea era una utopía, aunque fuera *postmortem* de la madre. Y cuando los elementos eran favorables al parto, a los pocos días aparecía el verdugo implacable de la fiebre puerperal, que alcanza al 15% de las recién paridas.

Las últimas horas no pueden ser más explícitas a como se representan en *Urraca I (la reina descalza)*. El teatro de contenido histórico es la esencia de los sucesos importantes, siempre en la brújula de la historiografía consensuada, escapando en lo posible de la especulación. En esta obra se asiste a los temores de los protagonistas en aquel teatro insólito. Las escenas penetran más en los corazones, se quedan más tiempo en ese lugar donde se sintetizan las emociones y durante un tiempo los personajes ocuparán una parte importante de nuestra vida. No hay duda alguna:

Urraca I ya tiene el copyright de los últimos instantes de su vida en este guion con muchos puñados de diálogos, cada uno con su importancia. Ahora solamente nos queda sentarnos en un teatro y dejarnos llevar por los meandros de una reina fascinante.

Antonio Martínez Llamas
Escritor

José Mª Fdez. CHIMENO

Urraca I

(la reina descalza)

URRACA I
(la reina descalza)

«Desaparecido aquél (Alfonso VI) y puesto que carecía de descenden-cia masculina [...] Urraca, la hija legítima que había engendrado [...] Gobernó, sin embargo, tiránica y mujerilmente durante diecisiete años y concluyó, de parto adulterino, su infeliz vida en el Castillo de Saldaña, el sexto día de los idus de marzo de la era MCLXIII». (La Historia Compostelana)

Personajes:

1- Urraca I (reina de León e *Imperatrix totius Hispaniae*)
2- Pedro González (conde de Lara y señor de Castilla)
3- Bernardo II (abad del Monasterio de Sahagún)
4- Diego Muñoz (conde y tenente de Saldaña y Carrión)
5- Elvira (condesa y esposa del conde Diego)
6- Gonzalo (alférez del castillo de Saldaña)
7- Crispín (bufón de la Corte, retirado en Saldaña)
8- 1º Soldado
9- 2º Soldado
10- 1ª Criada
11- 2ª Criada
12- Alfonso Raimúndez (joven y heredero legítimo, que sube al trono leonés como Alfonso VII)

Tiempo.- La primavera del año de gracia de 1126.

Lugar.- Castillo palaciego de Saldaña.

Acción.- «Saldaña es el lugar ahora escogido; es muy posible que en razón de las comodidades de un castillo-palacio que, muy poco después, sería escenario de las bodas de Alfonso VII y Berenguela, la hija del conde de Barcelona»[1].

La acción da comienzo el 1 de marzo del 1126, siete días antes de la muerte de la reina Urraca I de León. La primera de Europa por derecho propio y no como consorte; lo que supone, a toda vista, un adelanto en los derechos de las mujeres en el siglo XII, que no han cesado de progresar —con altibajos— hasta nuestros tiempos.

«No hubo, por tanto, accidente o enfermedad repentina. Sabedora del peligro que corría, Urraca quiso, tal vez, acogerse a los paisajes familiares, a los lugares de la infancia». La proximidad del monasterio de San Salvador de Nogal le atraía maternales recuerdos por haber pertenecido a su madre la reina Constanza, hasta su muerte (en 1093). En un paisaje fértil, frondoso y fresco, junto al que discurre el río Carrión, *La Temeraria* revivía escenas de una infancia feliz en la casa materna.

Otras eran las razones por las que el conde Pedro de Lara, del que *«según se rumoreaba, encadenado por los firmes lazos del amor»*, había elegido el castillo palaciego de Saldaña «como lugar de defensa en la última batalla que estaba a punto de desatarse». El conde de Lara, que ejerce el poder en «Castilla y no poca parte de la Tierra de Campos» así lo entendió; pues eran muchos los enemigos que, viéndole como un igual, no soportaban que fuera el favorito de la reina y que tratara de imponer su hegemonía sobre los demás, dando órdenes y actuando como rey.

¡Hasta los ciegos y los barberos sabían que los nobles «no toleraban el deshonor de su señora»! Así las cosas, el día 1 de marzo de 1126, la reina Urraca, visiblemente cansada a ojos de su amado conde castellano, y del séquito que le daba escolta, atravesó las puertas de la fortaleza buscando las comodidades de un castillo-palacio.

---

1   *La reina Urraca* / M. del Carmen Pallares & Ermelindo Portela. Edit. NEREA, 2006

18

Castillo de Saldaña
Dibujo de Carlos Sáez López

Acto Primero

Escena 1ª

«En la vida el atuendo nos hace distintos, pero todos morimos descalzos»

[La reina Urraca entra en el salón de ceremonias con una vela encendida entre sus manos temblorosas —el recinto está envuelto en la penumbra—, se quita los escarpines y «camina descalza», con pasos indecisos, buscando la poca claridad que ofrece una ventana geminada, desde la cual, se divisa el paisaje frondoso y fresco envuelto en los celajes del alba, junto al que discurre el río Carrión, que tantos recuerdos le traen de su feliz infancia. Su rostro refleja una terrible tristeza, una añoranza de los «días de vino y rosas» que, ahora, cumplidos cuarenta y cuatro años (1081-1126), tocan a su fin]

URRACA.- «¡Ah del castillo! ¡Abrid el portón y subid el rastrillo! La infanta Urraca llama a vuestra casa». *(barrunta la reina de León, llegando al centro de la escena)* Solía gritar el conde Ansúrez. Entonces era tan solo una niña traviesa y alocada, a la que siempre reprendía mi buena aya Eylo[2] *(la condesa consorte de don Pedro Ansúrez)*, con la esperanza

---

2 Eylo Alfonsez (¿Sahagún? 1075 - Valladolid, 1112) fue la primera esposa del conde Ansúrez. La época de mayor fama y prosperidad de la familia se produjo cuando el rey Alfonso VI encargó a Pedro Ansúrez y a su esposa Eylo la repoblación de la por entonces pequeña población fronteriza de Valladolid. Eylo secundó eficazmente la tarea de su esposo, actuando como cofundadora de la iglesia de Santa María, de la que se tiene constancia desde 1088. Además, la condesa Eylo contribuyó al desarrollo de Valladolid con varias fundaciones propias: otras dos iglesias, la de San Sebastián (hoy desaparecida) y la de San Nicolás; así como la de tres hospitales. La tradición narra que fue también ella, en ausencia del esposo, la que mandó construir el «primer puente» sobre el río Pisuerga, llamado el Puente Mayor, desde 1080.

de que corrigiera mi actitud y me comportara como corresponde a una infanta leonesa. *(el paso del tiempo la había curtido en mil y una añagazas. «Ve crecer la hierba y arder el fuego en el hogar» —solía decir el conde de Lara—. Nada ni nadie podía rivalizar en astucia y autoridad: «¡el rey soy yo!». Decía una y otra vez ante los condes del reino y los burgueses de las ciudades…, hasta imponer su autoridad).* ¡Quien pudiera volver a aquellos tiempos felices! …, luego los dos cayeron en desgracia a mis ojos[3], pero no les guardo rencor. Se que solo satisfacían los deseos de mi padre…, ¿qué súbdito fiel puede negarse a cumplir los antojos de un rey caprichoso y anciano? ¡Nunca me preguntó mi parecer! Siempre fuí una moneda de cambio para sus alianzas.

(mas, dejando aparte los recuerdos, comprendió que eran otras las preocupaciones que le asolaban y no le permitían conciliar el sueño; pero volviendo a la realidad, añadió)

URRACA.- ¡Ah, Alfonso, cuánto te amé de niño y cuánto te temo ahora! *(exclama con un dolor interno desgarrador, mientras observa el sol naciente surgir por el horizonte)* Como el tibio sol que anuncia con su dulce fulgor la llegada del nuevo día, así te recibí yo en el parto…, y ahora, ¿qué puedo decir?, sino que te rehúyo más que a la puesta del sol, buscando alejarme de tu reprobación en este apartado lugar de mi reino[4]. ¡Ahhhh!

(La reina se oprime el vientre, abarcándolo con sus tersas manos, y dejando caer el candil que ilumina sus pasos en la penumbra, busca a tientas el escaño de piedra adosado a la ventana geminada. Temblorosa, su mano palpa las paredes de piedra, hasta conseguir sentarse sobre un cojín con

---

3   La suerte de la familia Ansúrez-Alfonsez decreció en la Corte leonesa tras la muerte, en 1093, del primogénito varón del matrimonio y su descredito creció tras las segundas infortunadas nupcias de Urraca con Alfonso I de Aragón, celebradas en 1109. Auspiciadas por el conde Ansúrez a instancias del rey Alfonso VI, fueron catastróficas para la reina viuda y por ende para el reino de León.

4   Urraca pactó con los partidarios gallegos de su hijo, dirigidos por el obispo Diego Gelmírez. Como consecuencia de este acuerdo, el joven Alfonso se asoció formalmente a su madre en el trono y fue coronado en Santiago de Compostela el 11 de septiembre de 1111.

ribetes dorados. Apoya sus pies sobre un escabel y permanece quieta, con los ojos cerrados, un breve espacio de tiempo que, sin embargo, le parece eterno; haciendo repaso de toda una vida…)

URRACA.- Lo admito, mi impaciente Alfonso. *(exclama de nuevo con voz tomada por la melancolía que le embarga)* Los cronistas venideros me tratarán como «un meandro inesperado en el curso de la historia, en el que no merece la pena entretenerse mucho».[5]

(realiza su entrada en escena la condesa de Saldaña. Doña Elvira ha escuchado el grito de dolor de la reina Urraca y acude a su encuentro. Alarmada, ve el candil caído en el suelo y más adelante unos escarpines que recoge. Mira a uno y otro lado, sin hallar a su huésped, hasta que se fija en un cuerpo apoyado contra la pared, quieto y consternado)

ELVIRA.- ¡Dios mío! ¡Mi señora! ¿Qué os sucede? ¿Os habéis puesto a parir?
URRACA.- *(abriendo los ojos)* No os alarméis, doña Elvira. Es solo un dolor. *(de parto)*
ELVIRA.- ¡No puedo creerlo! *(exclama, depositando los escarpines a sus pies)* ¿Soy la única que aquí se desvela por vuestra salud? ¡Hombres, hombres! Son todos iguales.
URRACA.- Todos iguales no. Los hay que portan el báculo y quienes tensan la ballesta.
ELVIRA.- ¡Ah, mi señora! ¿Qué diferencia existe? *(la reina esboza una expresión de sorpresa. Elvira lo asume y responde)* Bueno, aceptemos que los hay de dos clases.
URRACA.- A esas dos clases hay que añadir los cuatro humores[6] *(temperamentos)*: flemático, colérico, sanguíneo y melancólico. Cada uno con su fortaleza y su debilidad.

---

5   «Murió la reina Urraca, de parto, el día ocho de marzo de 1126, en Saldaña. Es muy posible que el lugar no fuera impuesto por las circunstancias; parece más bien escogido voluntariamente para hacer frente a las dificultades de un embarazo problemático y de un parto que se presumía difícil». (*La reina Urraca* / M. del Carmen Pallares & Ermelindo Portela. Edit. NEREA, 2006).
6   Fue el médico Hipócrates quien primero desarrolló la teoría de los cuatro humores, que más tarde dio paso a la de los cuatro temperamentos: sanguíneo, colérico, melancólico y flemático.

ELVIRA.- Cuán complicado lo hacéis, mi señora. Y seguro que los conocéis a todos.

URRACA.- Por suerte o por desgracia, así es.

ELVIRA.- ¿Cómo podéis distinguirlos?

URRACA.- Con la simple observancia…, y muchos años de soportar su presencia.

ELVIRA.- Mi señora, mucho os han hecho sufrir en esta vida y…

URRACA.- Y mucho placer me han dado, incluso hijos. *(esboza una sonrisa picarona)*

ELVIRA.- Los hijos son lo mejor, pero luego crecen y se vuelven contra sus padres.

URRACA.- *(ve segundas intenciones en sus palabras y le lanza una respuesta con sarcasmo, a sabiendas de que doña Elvira no tiene descendencia)* ¡Ellos son sangre de nuestra sangre! Son venidos de nuestro amor sincero. Mejor tenerlos por enemigos que ser estéril.

ELVIRA.- *(se lleva las manos a la cara, dolida y asustada por confesarle abiertamente sus pensamientos más íntimos)* Perdonad mi osadía, no era mi intención…

URRACA.- ¿Ofenderme? ¡Oh, no! No temáis. Os tengo por una condesa leal. *(ironiza)*

ELVIRA.- Así es, majestad. Podéis confesarme vuestras cuitas sin temor a que...

URRACA.- ¿…a que las divulguéis a los cuatro vientos? *(desde la torre vieron llegar al legado del arzobispo de Santiago.[7] Ambas se miran con gesto adusto, desconfían una de la otra, y saben que su llegada vaticina: intrigas)* Bueno, sigamos con los hombres. Me divierte más criticarlos en vuestra presencia que hacerlo sola.

ELVIRA.- *(realizando un gesto de complicidad)* Para mí, sois toda una maestra.

---

7   «En 1123, la reina establece pacto jurado de fiel señorío, amistad y protección para con el arzobispo de Santiago; primer garante del compromiso, claramente destacado en el texto de los simples abajo firmantes, el conde de Lara: " […] y para confirmar esta fidelidad os doy al conde don Pedro González y a los mencionados abajo, para que, si yo no guardare este pacto, estén de vuestra parte junto con sus señoríos hasta que yo me corrija"». (*La reina Urraca* / Pallarés & Portela. NEREA, pág. 49).

URRACA.- ¿Cómo he de tomarlo? No sé si eso es un cumplido o un reproche.

ELVIRA.- ¡Un cumplido, mi señora! Jamás osaría cuestionar vuestra conducta.

URRACA.- Pues ellos *(los hombres)* lo hacen continuamente, y a mis espaldas.

ELVIRA.- Esos botarates «ven la paja en el ojo ajeno, y no ven la viga en el suyo».

URRACA.- Y ahí no excuso a ninguno, son todos iguales *(se producen risas cómplices)*

ELVIRA.- Cuanta razón lleváis, mi señora.

URRACA.- ¿Habéis oído hablar del arzobispo Gelmírez?

ELVIRA.- Y ¿quién no? Es un hombre que porta báculo.

URRACA.- Cierto. Y, además, es un ser *flemático*, conocido por todos como un hábil negociador, diplomático, tranquilo y objetivo; pero también egoísta y mezquino.

ELVIRA.- No lo conozco, pero seguro que lleváis razón. *(lo dice sin mucha convicción)*

URRACA.- ¿Habéis oído hablar del rey Alfonso I de Aragón[8]?

ELVIRA.- Cómo no saber de sus andanzas, fue vuestro señor: un hombre de ballesta.

URRACA.- Acertáis de nuevo. Y luego de sufrirlo en propias carnes, vi un ser colérico, respetado por sus vasallos, por tener dotes de mando, ser un líder visionario y decidido, pero cruel, rencoroso y dominante.

ELVIRA.- Cuán acertada estáis, mi señora. *(responde, pensando que fantasea)*

URRACA.- Puesta a hacernos confesiones: ¿habéis pensado en cómo es el conde?

ELVIRA.- ¿Os referís a mi señor? *(la reina asiente y doña Elvira se pone a reflexionar)* Don Diego a veces es atento, entusiasta y compasivo conmigo…, pero, otras, se muestra inestable, egocéntrico y exagerado. ¡Me desespera!

URRACA.- Por su aspecto, veo a un hombre *sanguíneo*.

---

8   Se desató la enemistad entre el matrimonio, y se desató una guerra que finalizaría con el Concilio de Palencia, en 1114, donde Alfonso I de Aragón abandona sus aspiraciones territoriales y repudia a Urraca.

ELVIRA.- Además, he de confesaros, en confianza, que tensa poco su ballesta.

URRACA.- ¿Decís que va poco de caza? ¿No le gusta la presa? *(insinúa maliciosa, y las dos sonríen con picardía)* Lo peor de un hombre es que no se comporte como tal.

ELVIRA.- ¡Qué fácil es calificarlos! Ahora entiendo que no hay un hombre igual a otro en todo el orbe cristiano. *(convencida, piensa que sus deducciones son ciertas)*

URRACA.- Tampoco entre los infieles musulmanes hay grandes diferencias.

(de pronto ven entrar al conde de Saldaña, cuando la claridad del día ya ha alejado la penumbra matutina y la estancia noble está del todo iluminada. Ahora se aprecia lo acogedor que supone ser considerado un castillo palaciego)

ELVIRA.- ¡Ahí lo tenéis! Opinad si estoy en lo cierto.

DIEGO.- *(haciendo una reverencia ante la reina, que permanece sentada en el escaño de piedra)* Majestad, es un honor teneros en mi castillo. ¿Os sentís bien o mando llamar a los criados? ¿Dónde está el conde Pedro? ¿Ha salido del castillo tan de mañana?

URRACA.- Demasiadas preguntas para una reina aturdida…, y hambrienta.

DIEGO.- Eso tiene fácil remedio. Saldré de caza y os traeré para la cena el mejor de los corzos que pasta en mis bosques. Quizá una joven hembra… tiene la carne más sabrosa.

ELVIRA.- Mi señor, cuando sale a cazar con su ballesta nunca vuelve de vacío. Tened por seguro que esta noche la cenaremos gustosos. Es muy diestro en lanzar dardos.

URRACA.- Ya lo veo…, pero ¿habéis probado a dar caza a una corza vieja?

(el conde no entiende el doble sentido de sus palabras, mientras ellas ríen con malicia)

Escena 2ª

(En el salón de ceremonias ya está dispuesto todo para la cena. La cubertería de plata, los vasos de cristal, la fuente dorada rebosante de frutas variadas (manzanas y peras, sobre todo). Entra en la escena el bufón de la corte leonesa en tiempos del rey Alfonso, el conquistador de Toledo. Nadie sabe cómo llegó hasta allí, ni los muchos años que tiene. Los rumores que corren sobre él confirman que fue abandonado por su madre en el bosque para que se lo comieran las fieras, por su aspecto deforme e histriónico; pero un cazador lo encontró entre la maleza y, apiadándose de él, lo entregó a una familia de labriegos que no tenían hijos, para su crianza. Con el tiempo, serían unos brazos más para labrar las tierras. Crispín, el nombre elegido por los padres adoptivos, tuvo un punto de fortuna a los catorce años, cuando acudió a la Feria de Sahagún en compañía de sus custodios, para vender los beneficiosos productos del campo. Allí se concentraban los numerosos vecinos de la villa y también de otras comarcas cercanas, para gastar sus maravedíes en los famosos puerros de Sahagún; y allí adquirió fama de parlanchín gracioso, que hacía reír a niños y viejos con sus gestos histriónicos, al punto de que vendió todos los productos ante el asombro de sus padres adoptivos. No pasó desapercibido para la joven infanta Urraca. Todo esto llego a sus oídos y pidió a su padre que le enviara a la corte. El bufón entra cojeando y con el colorido atuendo, propio de su condición, incluido el gorro de cascabeles. Porta un fajo de leña)

CRISPÍN.- ¡Esta maldita ciática me tiene baldao! *(exclama dolorido, echándose una mano al glúteo)* ¡Ah, ya está dispuesto todo para la cena! Solo falta que yo prepare el fuego de la chimenea y que su dulce crepitar alegre la vista de los «señores», pues será el vino de estas tierras generosas el que les haga entrar en calor.

(se acerca al hogar y deja el fajo de leña a los pies de la chimenea, coge un cabo de vela y con un hábil chasquido de pedernal enciende la mecha, llevándola hacia la leña)

¡Ya está! Mi trabajo empieza ahora. Tendré que sacar de la mollera unas cuantas historias de hermosas princesas y bizarros caballeros andantes. La favorita de don Diego es la de Bernardo del Carpio.[9] Por algo es descendiente del conde de Saldaña, don Sancho Díaz.

(se sienta en cuclillas en medio de la escena y mirando al público se quita el gorro)

¡Qué ironía de la vida! Hasta los altos héroes y los bajos villanos pueden compartir un mismo destino: ¡nacer bastardos! Pues se dice que don Bernardo[10] era hijo ilegitimo de Jimena, hermana del rey de Asturias Alfonso II, con el conde de Saldaña, Sancho Díaz.

El rey asturiano ordenó que se encerrara al padre y también que su hermana fuera recluida en una orden monástica, acogiendo a Bernardo en su corte como si fuera su hijo. Este sería educado como caballero y recibió el mejor adiestramiento de la época en las artes de la guerra. Dicen que ningún soldado podía igualarle en fuerza, decisión y vigor. *(vuelve a ponerse el gorro de cascabeles con el ceremonial de un caballero y se levanta)* Ji, ji, ji. ¿Quién sabe? ¿Quizás sea yo otro bastardo de sangre real, que un mal día fue abandonado en el bosque por sus padres, en mi caso al ver el aspecto horrendo que tenía? Ji, ji, ji.

---

9   Bernardo del Carpio fue un personaje de la Edad Media, hijo extramatrimonial, según la leyenda, algunas crónicas y un *Cantar de Bernardo del Carpio* perdido y prosificado en la *General estoria*, de una infanta y hermana del rey de Asturias Alfonso II de nombre Doña Jimena, y del conde de Saldaña, Sancho Díaz de Saldaña.

10   Certifican su existencia las crónicas de la *Batalla de Roncesvalles* (agosto de 778), donde aseguran que Bernardo del Carpio estaba al frente de un ejército de vascones y soldados del Emirato de Córdoba, que narran la derrota del ejército de Carlomagno, mandando por su sobrino Roldán. Batalla en la que los hispanos mataron a los doce pares de Francia, además de hacer numerosos prisioneros.

(entra doña Elvira en escena portando un centro de flores para dejarlo so-bre la mesa)

ELVIRA.- ¿De qué te ríes, Crispín? Pero, que pregunta más tonta, si te ríes de todo.

CRISPÍN.- Mejor reír que tener que llorar a escondidas. *(suelta con ironía, sabiendo que doña Elvira lamenta en solitario la ausencia de un hijo; piensa que es estéril, pues se rumorea que el conde tiene varios bastardos. Realiza el gesto de estar embarazado)*

ELVIRA.- ¡Mira que te atizo con un leño! *(de tanto tiempo a su lado, ya conoce sus palabras irónicas y gestos soeces)* Oh, mejor aún…, pido a la reina que te devuelva a la corte. Allí serás el hazmerreír de los infantes, que llenaran de moratones las partes más blandas de tu cuerpo, con sus puntapiés y pellizcos.

CRISPÍN.- ¡Piedad, mi señora! Compadeceros de un simple bufón que peina canas.

ELVIRA.- Lo haré si me prometes que esta noche te portarás bien y agradarás a la reina.

CRISPÍN.- ¡Por estas que así será! *(exclama cruzando los dedos, y llevándoselos a los labios para evitar la mala suerte, añade irónico)* No olvido que de niña fui su juguete.

ELVIRA.- ¡Ea, pues, Crispín! Vete a ayudar a las cocinas y deja de hacer el zángano.

CRISPÍN.- *(echándose una mano al glúteo)* ¡Ay de mí! Estoy como para cargar pesos.

ELVIRA.- *(viéndole de nuevo realizar el gesto de la embarazada)* ¡Crispín que te atizo!

(sale dando brincos el bufón y entra con parsimonia por el otro lado de la escena el conde Diego)

DIEGO.- ¿A quién queréis atizar? *(pregunta, no viendo a nadie)*

ELVIRA.- ¡Ah, mi señor, dejadlo pasar…! Hablaba sola.

DIEGO.- ¡Por todos los diablos! Eso parece ser el mal de este castillo: hablar solos.

ELVIRA.- ¿También vos?

DIEGO.- ¡No! Yo no tengo la cabeza trastornada, pero oigo voces por todas partes.

ELVIRA.- ¿Y qué dicen?

DIEGO.- ¡Qué sé yo! De saberlo otro gallo cantaría. Así estoy *in albis*.

ELVIRA.- Es lo peor que podía pasaros. *(responde, con la ironía aprendida del bufón)* A punto están de hacer su entrada por esa puerta la reina y el conde de Lara.

DIEGO.- ¿Y? ¿No fui yo quien salió a cazar una corza joven?

ELVIRA.- Joven o vieja, lo importante es que tenséis vuestra ballesta más a menudo.

DIEGO.- ¡Juro por Dios que no las entiendo! ¡Mujeressss!

ELVIRA.- *(haciendo caso omiso le lanza una mirada acusadora)* ¿Estáis engalanado para la ocasión? ¿Vestís vuestra mejor sobreveste, con el escudo heráldico de Saldaña?

DIEGO.- *(palpándose la ropa)* Por una vez lleváis razón. Salgo a ponerme mis mejores galas. La ocasión lo merece. La reina está a punto de parir y no quedan muchas más…

ELVIRA.- …, más oportunidades para pedirle un favor que engrandezca vuestra Casa.

DIEGO.- ¿Por qué no? Cualquiera en mi lugar haría lo mismo. Máxime sabiendo…

ELVIRA.- ¿Sabiendo qué? ¿Tiene eso algo que ver con el legado de Gelmírez?

DIEGO.- Ese Gelmírez que nombráis, es el arzobispo de Santiago, y merece todo nuestro respeto. Él sabe cosas que nosotros jamás sospecharíamos.

ELVIRA.- ¿Cosas…, como cuáles?

DIEGO.- Está preocupado por la situación del reino. Cree que ese embarazo es nefasto y me ha hecho llegar sus «preocupaciones». Desea estar «al día» del estado de la reina.

ELVIRA.- ¿Teme por la vida de la reina?

DIEGO.- Y por las consecuencias de tener un hijo a su edad. No se fía del conde.

ELVIRA.- ¿Qué barrunta? Don Pedro y doña Urraca ya tienen dos hijos bastardos.

DIEGO.- Elvira y Fernando[11]. Ya los conocemos. Pero buscar un lugar tan alejado en el reino de León y tan cerca del condado de Castilla, para parir, le da que sospechar.

ELVIRA.- ¿Sospechar? ¿Piensa que la reina puede conceder a don Pedro el condado de Castilla, en un testamento vital?

DIEGO.- Puede…, pero serían concesiones que no agradarían al arzobispo de Santiago.

ELVIRA.- Don Gelmírez coronó a un rey legítimo (1111). ¿Qué puede temer ahora?

DIEGO.- Le preocupa que pueda pedir un juez, para redactar sus últimas voluntades.[12]

ELVIRA.- Yo no he visto a ningún juez entrar en el castillo.

DIEGO.- Solo hay dos formas de redactar un testamento: escrito u oral *(nuncupativo)*. Y basta con que un notario *(autoridad civil o eclesiástica)* y dos testigos lo confirmen.

ELVIRA.- ¡Ah, volvemos a lo que más importa! ¡Mísero mundo!

DIEGO.- Pareces lerda, Elvira. ¿Qué otra cosa puede primar en un matrimonio?

ELVIRA.- Por ejemplo, el amor entre los esposos.

DIEGO.- El amor lícito se logra con años de convivencia. El amor carnal es otra cosa.

ELVIRA.- *(ofendida)* Parecéis saber mucho de amores.

DIEGO.- Digamos que soy de la opinión del rey Alfonso *el Batallador*.

ELVIRA.- Ah, ¿sí? ¿Y cuál es su opinión?

DIEGO.- En la familia real leonesa, la tradición está ya bien asentada. Las infantas han de combatir el ocio con el huso y la rueca y deben

---

11 «Está documentada la existencia de, por lo menos, un hijo y una hija de Urraca y Pedro de Lara. Entre los confirmantes de la donación que, en el año 1123, Bermudo Pérez hace a la iglesia de Santa María de una casa hospital en León, en la calle de los Francos, junto al *Forum Maiorem*, están la reina y sus hijos Alfonso, Sancha y Fernando Pérez; no hay duda de que, como indica su apellido, la paternidad de este último ha de ser atribuida al conde de Lara» (*La reina Urraca* / Pallarés & Portela. Nerea, pág. 48-49).

12 La *Summa Vindocinensis* recuerda que la única voluntad del testador no es suficiente para hacer un testamento válido: se necesita, formas legales, es decir, las formas del Derecho romano.

instruirse en la virtud, en toda virtud, dejando aparte los vicios mujeriles.[13] También se lo recuerdan sus nobles y condes de la tierra.[14]

ELVIRA.- Esos nobles y condes de la tierra no saben con quién se las gastan: ¡la reina soy yo!

DIEGO.- Ya, ya…lo dice y lo repite a todas horas y en cualquier lugar; pero ahora…

ELVIRA.- ¿Ahora qué?

DIEGO.- ¡Otra vez! Tu necedad es persistente. Ahora corre grave peligro su vida y…

ELVIRA.- ¿Y qué problema hay? Ha parido cuatro hijos de dos hombres diferentes. No es una parturienta primeriza, sino una mujer bragada *(resuelta)*, eso sí, entrada en años.

DIEGO.- Tu lo dices: entrada en años. Corren rumores de que…

ELVIRA.- ¡Valgame Dios! Si al fin viene de nalgas cuenta con una partera.

DIEGO.- Pero con lo que no contaba es con todo un reino atribulado y expectante.

ELVIRA.- ¡Qué esperen sentados! Mientras la reina reine, nadie le hará sombra.

DIEGO.- ¡Que Dios te oiga! *(se oyen pisadas. Entra el 1º soldado y anuncia la llegada de la reina junto con su amado conde).* Corro a cambiarme de sobreveste.

---

13 La *Historia Compostelana* describe, frente a las virtudes, los vicios mujeriles; esto son: la perversidad, la tergiversación, el perjurio y la fidelidad inestable.

14 «El autor de la *Crónica de Sahagún* […] dice que fueron precisamente «los nobles y condes de la tierra» quienes proyectaron, después de la muerte de Alfonso VI, el matrimonio de Urraca con el aragonés. *«Tu non podrás gobernar, nin retener el reino de tu padre e nosotros regir, si non tomares marido. Por lo cual te damos por consejo que tomes por marido al rei de Aragón, al que ninguno de nosotros podrá contrastar ni contradecir. Mas todos le obedeceremos por quanto él viene de generación real».* (La reina Urraca / Pallarés & Portela. Nerea, pág. 42).

Escena 3ª

(Una criada se dispone a encender las velas que alumbrarán la mesa. Luego de realizar el encargo, sale por el lado opuesto de la escena en el que figura el 1ª soldado. Entra el 2º soldado y ambos custodian la puerta. Doña Elvira está sola y expectante. Al instante, entran cogidos del brazo la reina Urraca y el conde de Lara. Avanzan ceremoniosamente hasta el centro de la escena y se paran ante la condesa de Saldaña. La domina del castillo realiza una cortés reverencia. La reina lleva un manto carmesí echado sobre los hombros, con cenefas bordadas y ricos brocados. Sobre él prende un «broche esmaltado» de Limoges. A pesar de ir cubiertos por el manto, lleva unos escarpines ricamente adornados mediante cordoncillos y repujados de cuero)

ELVIRA.- *(realizando el acto del besamanos)*. Majestad, que hermoso broche lleváis.

URRACA.- Gracias. Es un regalo de don Pedro. Llegó de Limoges y está esmaltado.

PEDRO.- *(mirando hacia uno y otro lado)* ¿Dónde está vuestro esposo?

ELVIRA.- *(disimulando su bochorno)* Mi señor… bueno, corrió a vestirse con decoro.

URRACA.- No puedo esperar de pie. Me siento cansada.

ELVIRA.- Tomad asiento en el centro de la mesa. Don Diego no tardará en llegar.

PEDRO.- *(ayudando a la reina a colocarse en la cadira)* Yo le esperaré de pie.

(no tarda en regresar el conde de Saldaña con la sobreveste ceremonial puesta)

DIEGO.- Majestad. Perdonad mi tardanza. *(realiza una genuflexión ante la reina)*

URRACA.- No importa. Ya sé la causa. Tomad asiento junto a vuestra esposa.

(doña Elvira da una palmada al aire y aparecen dos criadas portando una jarra de vino y un cesto de pan. Con ceremonial gesto, dejan los productos de la tierra y se alejan. Acto seguido, aparece Crispín portando una fuente con el suculento asado de corza)

CRISPÍN.- *(deja la fuente repleta de carne humeante ante los comensales)* Señores.

URRACA.- ¡Crispín! Cuanto me alegra verte después de tantos años. ¡Tienes canas!

CRISPÍN.- Y menos pelo *(responde quitándose el gorro)*; pero igual labia.

ELVIRA.- De eso puedo dar testimonio, mi señora.

URRACA.- ¿Sigue siendo tan deslenguado como cuando era joven?

ELVIRA.- ¡Puede que más! Ahora suple la gracia juvenil con las sentencias de un viejo.

PEDRO.- Pues que se atenga a las consecuencias. No admito ningún desaire.

DIEGO.- Quitad cuidado. Yo mismo le azotaré las carnes como se pase de listo.

URRACA.- Pobre Crispín. Nadie te ríe las gracias; pero yo seré compasiva contigo.

CRISPÍN.- Gracias, mi señora. Sois la única que entendéis lo que es un bufón.

(desde el fondo se oyen cánticos de mujeres acompañados de flautas, cítaras y salterios. El viejo bufón de la corte se dirige sigiloso hacia la chimenea presto a curar su reuma)

DIEGO.- ¡Que dé comienzo el banquete!

(la primera criada llega portando consigo el cuchillo, que ha sido incluido, junto con la cuchara y el tridente, por los anfitriones como signo de distinción hacia los invitados de alto rango. La segunda criada ofrece a los

comensales aguamaniles y paños para lavarse la cara y las manos. Salen con premura y continua el diálogo entre los nobles).

URRACA.- *(con ironía)* Don Diego, ¿esta carne es la que tanto os gusta dar caza?

DIEGO.- Así es, mi señora. Las corzas jóvenes no tienen sebo rancio.

ELVIRA.- *(siguiendo la broma de la reina)* Está claro, no le gusta la carne trémula.

DIEGO.- ¿No es de vuestro gusto? Probadla y veréis su tersura y delicadeza.

PEDRO.- Estoy seguro de ello. Una pieza joven es más sabrosa.

URRACA.- *(con ironía)* Don Pedro, a vos os gustan todas las carnes..., o eso creo.

PEDRO.- Y creéis bien. Aunque, pudiendo elegir..., pero en caso de necesidad...

DIEGO.- En caso de necesidad, un soldado no le hace ascos a la corza vieja...

ELVIRA.- ¿Veis, doña Urraca? En el fondo todos los hombres son iguales.

URRACA.- *(riendo la gracia)* Ya sabéis que no opino igual.

ELVIRA.- Cierto. Los distinguís en cuatro clases, según los humores de cada uno.

URRACA.- Así es. Y de cada uno tengo un recuerdo fiel.

ELVIRA.- Pero solo me hablasteis de tres: el flemático, el colérico y el sanguíneo.

URRACA.- Lleváis razón; el cuarto se conoce como *melancólico*.

PEDRO.- Nada sé de esos humores que nos afectan a los hombres.

URRACA.- Querido Pedro, por desgracia también afectan a las mujeres.

ELVIRA.- ¿Y a quién poneis como modelo de este último humor?

URRACA.- No me cabe la menor duda, lo reservo para mi hermanastra Teresa.[15]

---

15   Doña Teresa nació en fecha desconocida, como hija ilegítima del rey Alfonso VI y Jimena Núñez, descendiente del linaje real asturiano por medio del conde Nuño Rodríguez de Guzmán, nieto del rey Ordoño I. Su nacimiento fuera del matrimonio no le impidió ocupar una posición destacada en la corte, y pronto fue utilizada como instrumento político para consolidar alianzas estratégicas.
En 1095 contrajo matrimonio con el noble borgoñón Enrique de Borgoña, hermano del duque Eudes I. Como parte de su dote, Alfonso VI le otorgó el condado de Portugal y el de Coímbra, territorios ubicados entre los ríos Miño y Duero. Hasta enton-

DIEGO.- ¿Y cuáles son sus cualidades?

ELVIRA.- Querido Diego, más que cualidades son defectos lo que resalta de cada uno.

URRACA.- Lleva razón doña Elvira. Teresa parece, a ojos de todos, como una mujer estratega, analítica y abnegada, pero yo sé bien que el fondo de su corazón es vengativo.

PEDRO.- Y, ¿cómo lo habéis descubierto?

URRACA.- ¿Olvidas que vivió un tiempo en la corte de mi padre?

DIEGO.- Hasta que el gran Alfonso, conquistador de Toledo, la concedió en matrimonio al noble Enrique de Borgoña, primo de vuestro primer esposo, el malogrado Raimundo.

ELVIRA.- ¡Que Dios lo tenga en Su Gloria! *(exclamó, mirando de reojo a la reina)*

DIEGO.- Olvidáis que fue vuestra aliada en la *Batalla de Candespina* (1110).

URRACA.- *(mirando severamente al conde de Saldaña)* No lo olvido, don Diego, como tampoco olvido que antes me traicionó, aliándose con el taimado Alfonso de Aragón.

DIEGO.- Aquella batalla costó la vida del valeroso conde Gómez, vuestro adalid.

PEDRO.- Mejor no remover la historia. Lo pasado, pasado está. *(añade molesto)*

ELVIRA.- Razón lleva don Pedro. *(nerviosa mira a la reina, cuyo semblante está serio)*

DIEGO.- *(haciendo caso omiso a los intentos de cambiar de conversación de su mujer)* Fue hace dieciséis años, cuando la condesa de Portugal pactó un cambio de alianzas.

URRACA.- ¿Por qué insistís tanto en esa batalla, don Diego? No será…

PEDRO.- Dejadle que hable, mi señora. ¿Tal vez tenga algo que reprocharnos?

---

ces, estos dominios habían estado bajo la administración de Raimundo de Borgoña, primo de Enrique. Desde el inicio, Teresa y su esposo gobernaron con amplia autonomía, fomentando un sentimiento identitario entre los nobles portugueses.

Tras la muerte de Enrique, en 1112, en Astorga, Teresa asumió el gobierno en solitario, reforzando su política independentista. La condesa demostró tener tanto habilidades políticas como determinación, llegando incluso a utilizar el título de *Portucalensis regina*, o reina de Portugal.

DIEGO.- ¿Yo? ¡Jamás osaría contradecir vuestra autoridad! *(exclama temeroso, seguro de su reacción iracunda)* Pero…

ELVIRA.- …, pero mi señor, que estuvo en aquella confrontación, quizás…

URRACA.- ¿Pero…, quizás… deseáis saber toda la verdad de aquel suceso?

PEDRO.- Ya os lo advierto yo: fue una lucha de intereses y estrategias.

URRACA.- Que nunca ha sido del todo entendida entre mis nobles y clérigos, que asisten a las Curias Regias.

DIEGO.- Puede que este sea el mejor momento; tal vez no tengamos muchos más…

ELVIRA.- …en este nuestro castillo…, quiere decir mi señor. *(matiza sus palabras)*

URRACA.- Pues aquello que voy a confesaros no ha de salir de estas cuatro paredes.

PEDRO.- ¿No sería mejor dejarlo para otro momento? Acabareis cansada y…

URRACA.- … es posible, pero es la oportunidad de dejar las cosas claras. ¿Por dónde empezar? ¡Ah, sí!, luego del revés de Candespina *(omite la acción vergonzosa de don Pedro)* tuve que pactar con el hijo de «la portuguesa» (Teresa). Para atraerle a nuestro bando hice promesas de reparto de poder a don Enrique (de Portugal); lo que convirtió al artero rey Alfonso (de Aragón) de vencedor a sitiado en el castillo de Peñafiel.

DIEGO.- Hábil estratagema la vuestra, mi señora. He de reconocerlo.

URRACA.- Estratagema que mi vengativa hermanastra trató de desbaratar.

PEDRO.- Cierto. La llegada desde Coímbra de la condesa Teresa complicó las cosas.

URRACA.- Su carácter variable la llevó hasta Burgos, para apremiarme a que hiciera la división del reino y Portugal pasase de ser un condado a un reino independiente.

ELVIRA.- Algo que aún no ha sucedido. Seguro que por vuestra férrea voluntad.

URRACA.- El remedio a mis males podía ser peor que la enfermedad misma.

DIEGO.- Razón lleváis, mi señora, pues pagasteis un alto precio.

PEDRO.- Mientras la reina negociaba con los parientes de Portugal, pactaba en secreto con Alfonso de Aragón la vuelta a las «malditas bodas». *(golpea la mesa con fuerza)*

URRACA.- ¡Volviendo a caer en sus embrutecidas manos! *(exclama en extremo dolida)*

DIEGO.- Cuando se descubrió el ardid, la reacción del conde Enrique fue la de cercaros con sus huestes en Carrión.

PEDRO.- Por suerte para nuestra causa, los nobles del reino que le apoyaban no estaban muy convencidos de la estrategia a seguir y terminaron por levantar el cerco.

DIEGO.- ¿Dónde estabais vos, don Pedro? Luego de abandonar el campo de batalla y volver a grupa de caballo hasta Burgos, para ocupar el puesto de don Gómez.

PEDRO.- ¡Cómo os atrevéis! De no estar en vuestra casa… *(se levanta airado, con los puños golpeando sobre la mesa, pero un gesto de la reina le obliga a coger asiento)*

URRACA.- ¿De qué parte estáis, don Diego? *(le interroga con mesura)*

DIEGO.- De quienes «no toleran el deshonor de su señora».

ELVIRA.- *(tratando de mediar y que la disputa no llegue a más)* ¡Crispín, ven aquí! *(el bufón se despereza de la modorra que le causa el calor desprendido de la chimenea y acude presto ante su señora)* Cuéntanos de nuevo la historia de Bernardo del Carpio.

(Crispín se presta a recitar otra vez la leyenda del valiente noble leonés que venció a Roldán, cuando entra el alférez del castillo, con una expresión que denota extrañeza)

GONZALO.- Con permiso, mis señores. En la puerta está el abad de Sahagún.

URRACA.- ¿Don Bernardo? ¿Qué nuevas puede traernos a una hora tan tardía?

GONZALO.- Pide ser recibido por su majestad y dice ser el adelantado de un numeroso ejército leonés que se dirige hacia Saldaña.

(los dos condes aplazan su confrontación particular ante la presencia de un enemigo mayor. El temor se apodera de ellos y cada uno se plantea la estrategia a seguir)

DIEGO.- ¿Viene en son de paz o con intención de plantar sus reales?

PEDRO.- Mi señora, para hacerles frente, parto al encuentro de mis huestes castellanas.

URRACA.- ¡Doña Elvira, disponed de un aposento para reunirme con el abad! Quiero conocer sus intenciones. *(exige malhumorada…, y al incorporarse siente un leve vahído)*

Urraca I (reina de León)
Dibujo de Carlos Sáez López

Acto Segundo

Escena 1ª

(A los pies de la Torre Este existe un pasadizo en forma de escalera que comunica las dependencias del castillo con un sistema de cuevas subterráneas: el aljibe que provee de agua a la fortaleza en caso de asedio y un sistema de cuevas artificiales que sirven tanto de mazmorras como del lugar de almacenaje; incluso de ruta de escape en caso de que el castillo fuera asaltado por el enemigo.

En la cueva más vasta, donde se almacena el grano y los toneles de vino, el conde de Saldaña se ha citado con su lugarteniente, para hacerle partícipe de sus intenciones ocultas. Unos pasos más allá, entre los sacos de trigo, se encuentra dormitando el bufón de la corte. Entra el alférez Gonzalo)

GONZALO.- Mi señor, aquí estoy. ¿No hay mejor lugar para citarnos?

DIEGO.- Seguro lo hay, pero no para guardar en secreto las nuevas que deseo confiaros.

GONZALO.- Podéis hablar sin tapujos. ¡Nada cuestiona mi lealtad hacia vos!

DIEGO.- Eso espero, sino… bueno dejemos las amenazas. ¿Qué sabéis del conde Pedro?

GONZALO.- Está en las caballerizas ensillando su caballo.

DIEGO.- ¡Dispuesto a huir! *(exclama furibundo y despierta al bufón)*

GONZALO.- ¿Huyendo, mi señor? No fue eso lo que dijo al prepararle la montura.

DIEGO.- ¡Os ha mentido! Ese taimado ya habría huido de temer antes por su vida.

GONZALO.- Sin entrar en esa cuestión, su deseo, me confesó, es ir en busca de ayuda.

DIEGO.- ¡Pretextos de mal pagador! *(Crispín asoma la cabeza entre los sacos)*

GONZALO.- Sabe que solos no podemos hacer frente a las huestes leonesas.

DIEGO.- Sois joven e inexperto. Este castillo está preparado para una larga defensa.

GONZALO.- *(mirando las vituallas, las señala con la mano)* ¿Por esto?

DIEGO.- Por esto y porque está la reina entre nosotros. Es nuestro salvoconducto.

GONZALO.- El conde Pedro no se fía y quiere hacerles frente con las tropas castellanas.

DIEGO.- ¡Soy yo quien no se fía de él! *(asustado, el bufón vuelve a esconder la cabeza)*

GONZALO.- Sabéis algo que no queréis confesarme. Hablad en confianza.

DIEGO.- Nada que no conozcamos los más viejos. *(se dispone a narrar lo que sucedió hace dieciséis años)* En otro tiempo, el conde Gómez González murió por su traición[16].

GONZALO.- ¿Cómo así? ¿Don Pedro hecho un felón?

DIEGO.- En Candespina, fue designado portaestandarte de los castellanos. Estaba, pues, en primera línea de combate y el conde Gómez, de más edad, en la retaguardia.

GONZALO.- Como corresponde a las leyes de la guerra.

DIEGO.- Iniciada la refriega, el conde Pedro abandonó el estandarte y el campo, para huir a Burgos, al encuentro de la reina, mientras don Gómez cayo peleando bravamente.

GONZALO.- ¡No solo es un felón, sino, también, un cobarde!

DIEGO.- Tal fue su cobardía que suplantó en el lecho al conde muerto por su amada.

(el bufón asoma la cabeza y, asustado, en un descuido, mueve los sacos de trigo)

---

16   La «batalla de Candespina» se libró cerca de Sepúlveda, el 26 de octubre de 1110. Alfonso el Batallador se enfrenta a las huestes de Urraca I dirigidas por el conde Gómez González (favorito de la reina) y don Pedro de Lara en el fragor de la batalla huye a Burgos, al encuentro de la reina, mientras Gómez muere.

GONZALO.- *(saca la espada del tahalí y se dirige hacia los víveres)* ¡Quién vive!

CRISPÍN.- *(Crispín sale con una jarra de vino y apurando su contenido, canturrea dando tumbos)* «Cantaré yo el parto de tu madre entre los rayos del Etna, las armas de India puestas en fuga por...» (Propercio, Elegías, III, 17) (Himno al dios Baco).

DIEGO.- ¡Maldito bufón! ¿Qué habéis oído? *(interrumpe la elegía)*

CRISPÍN.- Oír, lo que se dice oír..., solo al dios Baco celebrando una bacanal. *(se deja caer de espaldas sobre los sacos de trigo, exagerando su borrachera. ¿Surtirá efecto la treta? Teme por su vida y nada puede hacer por ella sino encomendarse a Dios... y a su astucia)*

GONZALO.- ¡Bah, dejemos que duerma la borrachera!

DIEGO.- ¿Y dejarle con vida? Prefiero atravesarle con mi espada.

GONZALO.- No hay tiempo que perder. Salgamos en pos del taimado conde.

DIEGO.- ¡Traedme la ballesta! Solo otro conde puede hacerle pagar su traición.

GONZALO.- ¿Solo vos? ¡Os creo muy capaz! Entonces me encargaré de reforzar las defensas del castillo.

(ambos abandonan la escena en dirección a las caballerizas, mientras Crispín sale de su fingida postración a causa de una borrachera que no es tal. Acude al centro de la escena y sin soltar la jarra de vino se dirige a los espectadores, con una sonrisa astuta)

CRISPÍN.- ¡Los ballesteros a las almenas! ¡El cuerpo de guardia a defender el portón! ¡Buena se está organizando! De esto daré cumplida cuenta: ¿a mi señora? o ¿a mi reina? ¿A las dos a la vez? o ¿a ninguna quizás? Una es la amante de un truhan y la otra es la esposa de un conde. ¡Ay de mí! Si satisfago a una, la otra me encierra de por vida a pan y agua, y si confieso lo oído a la otra, la una me corta la cabeza y la pone en una pica. ¿Cómo obrar? Si tuviera la sesera en su sitio podría razonar y salir airoso de este trance. Pero no está el horno para bollos. ¿Entonces, qué puede hacer un bufón de la corte?

(con estas reflexiones histriónicas, Crispín se va alejando del centro de la escena y se dirige hacia el pasadizo en forma de escalera, que comunica

las dependencias del castillo con el entramado de cuevas. Con un pie en el
primer peldaño se para y dice.)

Hacer, lo que se dice hacer, muy poco…, pero intrigar y enredarles a todos es mi oficio.

Escena 2ª

*(El abad Bernardo II de Sahagún era un monje avezado, que había desta-
cado en las labores del scriptorium, donde se copiaban textos religiosos y
profanos como una forma de servicio a Dios, y su labor era esencial para
el desarrollo de la cultura de Occidente. Sabía de sus propias limitaciones
y no daba un paso en falso ni tomaba una decisión sin consultar antes con
su valedor, el arzobispo de Toledo, don Bernardo.*[17]

---

17   Bernardo de Sédirac (Bernard de Sédirac) o de Sauvetat, era un monje cluniacense que se trasladó a Hispania, como otros muchos. En León fue requerido
por Alfonso VI e inmediatamente fue nombrado abad de Sahagún, en 1081, para
sustituir a otro cluniacense, Roberto. Desde su papel de abad de Sahagún y conseje-
ro real, desarrolló una importante labor en la aplicación de la Reforma gregoriana,
especialmente en lo referente a la disciplina del clero, la expansión de la reforma
cluniaciense y a la implantación del Rito romano (bajo su mandato se reorganiza el
Scriptorium del monasterio, que se convierte en la fuente de nuevos códices).
Tras la reconquista de Toledo por Alfonso VI, en 1085, don Bernardo desempeñó
un papel muy importante en la rendición de la ciudad y en la aceptación del Rito
romano por la población, aconsejando al rey que mantuviera la Liturgia hispánica
en algunas parroquias toledanas.
Tras el desastre de Alfonso VI en la «batalla de Uclés» y la muerte del rey en 1109,
vio reducida su influencia en la corte leonesa de la reina doña Urraca. Aun así,
participó activamente en la tarea reconquistadora y tomó (3 de mayo de 1118) la
ciudad de Alcalá de Henares, que pasó desde ese momento a depender de Toledo
jurídica y eclesiásticamente. Allí mandó construir un palacio arzobispal que sería
residencia de los arzobispos de Toledo en Alcalá.
Sus malas relaciones con doña Urraca y la aparición de un nuevo papa, Calixto II,
cuñado de doña Urraca, tío de Alfonso VII y amigo personal de Diego Gelmírez,
hicieron disminuir su poder: en 1120, por ejemplo, el papa Calixto concedió la
dignidad metropolitana a Santiago de Compostela, aunque no se tocó la primacía
toledana. Murió en Toledo en abril de 1128.

La reina Urraca lo sabía muy bien. Si a alguien representaba este monje, en aquella partida de damas, era al arzobispo Bernardo de Toledo y no al arzobispo Gelmírez. En ausencia del conde de Lara y del conde de Saldaña, solo se acompañaba de Elvira, pero le sobraban arrestos para enfrentarse a él. Por otro lado, los sentimientos del abad hacia doña Urraca habían ido mutando, desde el respeto reverencial a la simple compasión por ella; tan amada de sus súbditos y tan traicionada por sus nobles. Era dueña y señora del reino de León, pero apenas quedaban nobles en los que confiar).

BERNARDO.- *(entra en el aposento, ve a la reina sentada en una cadira y con los pies puestos en un escabel. Atravesando toda la estancia se dirige hacia Urraca)* ¿Que hay, nobles señoras? Apenas llegado, me cuentan noticias preocupantes sobre su majestad.

ELVIRA.- Fue un pequeño vahído a causa de su estado. *(replica la condesa)*

BERNARDO.- Dios os guarde.

URRACA.- Y a vos, abad. ¿Qué os trae por estos lares y a horas tan intempestivas?

BERNARDO.- ¿No os explicó la situación el alférez del castillo?

URRACA.- La situación la conozco, pero vuestras intenciones no. ¿Cuáles son?

BERNARDO.- Vengo a protegeros.

URRACA.-¿A protegerme? ¿De quién?

BERNARDO.- De vos misma.

URRACA.- Ja, ja, ja. ¿Sois de la opinión de Gelmírez, que la mujer es voluble por naturaleza?

BERNARDO.- No me atrevería a tanto…, pero…¿dónde están vuestros condes?

URRACA.- *(miente)* Les pedí que me dejasen sola. Me basto y sobro para negociar.

BERNARDO.- *(contrariado)* Los necesito de cofirmantes.

URRACA.- ¿No os sirve doña Elvira? ¿Acaso queréis redactar un testamento?

BERNARDO.- Así es, mi señora: vuestro propio testamento.

URRACA.- ¿Qué os hace suponer que he mudado de parecer? ¿Por este hijo mío?

BERNARDO.- Vuestro estado de salud os puede llevar a cometer una locura.

ELVIRA.- ¿Una locura? La reina está bien, aunque tenga avanzada la preñez.

BERNARDO.- ¡Dios lo quiera!, pero no son las confidencias que me llegan.

URRACA.- Puede que esas confidencias sean interesadas, incluso falsas.

BERNARDO.- Llegan del mismo arzobispo de Toledo.

URRACA.- Lleva tiempo alejado de la corte, por decisión propia.

BERNARDO.- Quizá sea hora ya de reconciliaros. Don Bernardo os tiene en alta estima.

URRACA.- También yo estimo a mis perros, pero no los siento a la mesa.

BERNARDO.- Fuisteis injusta con él, dando prioridad al arzobispado de Santiago.

URRACA.- Mi cuñado, el papa Calisto II, le concedió la dignidad metropolitana *(1120)* ¿Qué podía hacer yo? Aun así, exigí que no se tocase la primacía toledana.

BERNARDO.- Y don Bernardo os lo agradece en extremo. Quiere reconciliarse con su reina y darle buenos consejos. ¿Recordáis? Siendo aún niña, os dedicó esta advertencia: «En la vida el atuendo nos hace distintos, pero *(al final)* todos morimos descalzos».

URRACA.- Lo recuerdo. («*Si mi pueblo se humillare, y orare, y buscaren mi rostro, y se convirtieren de sus malos caminos; entonces yo oiré desde los cielos, perdonaré sus pecados y sanaré su tierra*») *(Crónicas 7:14)*. ¿Ser una reina humilde? Quizá sea tarde.

BERNARDO.- Entonces, son ciertos los rumores que corren por la corte.

URRACA.- A veces, el rumor es el anuncio de otras nuevas. Pronto se sabrá. Ay, ay. *(finge que siente un dolor agudo en el vientre)*

ELVIRA.- ¡Mi señora! ¿Llamamos a la partera?

URRACA.- ¡Detente! Antes te ordeno que me traigas al alférez del castillo.

(sin entender las razones de su decisión, la condesa del castillo sale en su busca)

BERNARDO.- *(viéndose solos)* Buena argucia la vuestra, mi señora.

URRACA.- *(haciendo un gesto de complicidad)* Es difícil engañaros.

BERNARDO.- ¿Puedo hablaros en confianza?

URRACA.- Eso espero. Ahora nadie nos inoportuna, pero queda poco tiempo.

BERNARDO.- En realidad, es vuestro hijo Alfonso (Raimundez)[18] quien me envía.

URRACA.- ¡Alabado sea el Señor! Lo sospechaba. Y, ¿ese ejército que avanza?

BERNARDO.- Jamás asaltará el castillo mientras sigáis con…

URRACA.- ¿Con vida? Bueno, es de agradecer por su parte. ¿Y que pide a cambio?

BERNARDO.- En eso el rey no finge. Desea un nuevo testamento vuestro.

URRACA.- ¿Que reafirme la corona que ya tiene? Ah, ya veo. Lo quiere todo.

BERNARDO.- Estáis en lo cierto, mi señora. Lo quiere todo. A cambio…

URRACA.- …a cambio, ¿respetará la vida y hacienda de mis hijos con don Pedro?

BERNARDO.- La respetará. Tenéis mi palabra *(su voz convincente satisface a la reina)*

URRACA.- Para validar el testamento se precisa al menos cinco confirmantes.

BERNARDO.- Mi autoridad eclesiástica vale por tres.

URRACA.- Entonces, contáis con que los dos condes os secunden en la firma.

BERNARDO.- Para eso preciso de vuestra colaboración.

URRACA.- No la daría por segura. Veo un desafío mortal en los ojos de cada uno.

BERNARDO.- ¿Dónde están?

URRACA.- Don Pedro ha salido al encuentro de sus fieles castellanos…, y espero que no tarde en llegar. De don Diego nada sé…, parece que se lo hubiese tragado la tierra.

---

18   En agosto de 1121 hubo un nuevo intento de derrocar a la reina y proclamar rey al infante Alfonso en la curia celebrada en Sahagún. A esta acudieron fundamentalmente adversarios de la reina y partidarios de Gelmírez. La intervención del papa Calixto II en noviembre desbarató la maniobra. Mientras, Teresa aprovechó los apuros de su hermana para recuperar el valle del Miño durante el otoño.

BERNARDO.- Este castillo está lleno de pasadizos secretos y galerías subterráneas.

URRACA.- Hay todo un laberinto ideado para la fuga. Lo sé. De pequeña me aventuré a conocerlo sola y estuve perdida durante horas, hasta que el conde Ansúrez me rescató.

BERNARDO.- Un acto temerario. Desde entonces cogisteis cumplida fama.

URRACA.- Que me llamen *Urraca la Temeraria* es todo un halago. Pero, ¿eso es todo?

BERNARDO.- No, mi señora. *(duda de revelarle las verdaderas intenciones de su hijo, Alfonso Raimundez, y la mira con recelo)* Vuestro hijo os pone otra condición.

URRACA.- Me lo temía. ¿No querrá que me recluya en un convento?

BERNARDO.- No vais muy desencaminada. Os censura la vida disoluta que lleváis.

URRACA.- ¡Cómo se atreve! ¡Soy la reina!

BERNARDO.- Si renunciáis a don Pedro, dando prioridad a la vida honesta y recatada, vos y vuestro séquito siempre tendréis abiertas las puertas del convento de Sahagún.

URRACA.- ¡Jamás! Solo me veréis entrar en el convento con los pies por delante.

(se oyen pasos en dirección a la puerta del aposento. Llega doña Elvira acompañada)

ELVIRA.- Majestad, aquí está Gonzalo, el alférez del castillo.

GONZALO.- Noble señora… *(realiza una genuflexión y se silencia, al ver al abad)*

URRACA.- Hablad sin miedo, alférez: ¿Qué sabéis de las huestes del conde de Lara?

GONZALO.- Ya están en marcha, mi señora. *(mira de soslayo al abad Bernardo)*

URRACA.- ¿Y el tenente de Saldaña?

GONZALO.- Don Diego también salió del castillo.

BERNARDO.- ¡Alabado sea el Señor! Huyen como ratas. ¿Quién está al frente aquí? Por prudencia no debería de preguntar su nombre, pero…

GONZALO.- *(sacando pecho)* En ausencia del conde, yo estoy al mando, abad.

BERNARDO.- Para refrescaros la memoria y protegeros de cualquier locura, os diré que me siguen un millar de bravos leoneses, entre hombres de a pie y a caballo.

GONZALO.- Son las estrellas del cielo quienes rigen el destino. Les haremos frente.

BERNARDO.- Mejor que rindáis la plaza, antes que encomendaros a las estrellas.

ELVIRA.- *(para sí y para el público)* Y mi esposo en paradero desconocido.

URRACA.- *(para sí y para el público)* Y mi amado sin acudir con sus tropas.

GONZALO.- Eso no lo decido yo, sino mi señor don Diego.

URRACA.- Veo el miedo en vuestras caras, y eso me gusta.

ELVIRA.- ¿Por qué, majestad? *(inquiere aterrada ante la posibilidad de un asalto)*

URRACA.- Del miedo se pueden sacar beneficios, de la complacencia ninguno.

BERNARDO.- No os entiendo, mi señora. Tensar en extremo la situación no es bueno.

(no estaba la reina en situación de mostrarse muy cicatera con el abad de Sahagún y, sin embargo, tal vez en exceso, pasando por el filtro del monje sahaguntino, prefería darle a entender que los tiempos los marcaba ella; que seguía teniendo la sartén por el mango en aquella situación extrema. Por algún motivo la llamaban: la Temeraria)

URRACA.- Según para quién esté al frente de la situación.

BERNARDO.- Ya salisteis escaldada en más de una ocasión. ¿No os parece en extremo temerario este juego de intereses? Aceptad la evidencia y vayamos todos a dormir.

URRACA.- ¡Alférez! Llevad escoltado al abad a sus aposentos y echad el cierre.

BERNARDO.- Señora, si me encerráis en la torre, no podré seros de gran ayuda.

URRACA.- Por lo pronto, estáis mejor vigilado que libre para intrigar a mis espaldas.

(el alférez Gonzalo se coloca a la espalda del abad y enarbola la espada en ristre como señal de autoridad. Mientras, las señoras hablan entre sí: ¿Dónde están los condes?)

Escena 3ª

(Lo que sucedió a continuación fue un nuevo golpe del destino, que obligaba a replantear la situación desde el principio. La ausencia injustificada del conde de Lara lo trastocaba todo. En el relato de la Historia Compostelana, pendiente como siempre de su protagonista el arzobispo Gelmírez, a doña Urraca se la presentaba como una simple acompañante en los viajes del prelado, y a este, preocupado por los asuntos eclesiásticos y los negocios seculares.

Un siglo después, otro arzobispo enérgico y con carácter, proclive al bando castellano, don Rodrigo Giménez de Rada, dejó escrito: «cuenta la historia de que condes y nobles del reino se reunieron en la aldea de Magán, cerca de Toledo, y acordaron la boda de Urraca con uno de ellos, el conde Gómez, que luego sería llamado de Candespina. Escogieron como mensajero del acuerdo tomado, que barruntaban que no sería del agrado del rey, al físico judío Cidiello, que gozaba de la amistad del monarca. Salió Cidiello de la entrevista con cajas destempladas. Dice luego el cronista que, con el consejo de obispos y abades, decidió Alfonso VI el matrimonio de su hija con el rey de Aragón, y que las bodas se celebraron antes de la muerte del rey».[19] Diecisiete años después de estos hechos, de 1109 a 1126, el reinado de doña Urraca había transcurrido bajo los mismos parámetros: con los nobles y condes tratando de ganarse los favores de la reina leonesa, y con los obispos y abades tratando de que La Temeraria dejase de serlo, para que casase con alguien de igual alcurnia: un monarca)

URRACA.- Ese ha sido mi sino desde que vine al mundo.

---

19   *(La reina Urraca /* Pallarés & Portela. Nerea, pág. 96)

ELVIRA.- ¿Y qué mujer no está sometida a la voluntad del varón desde que nace?

URRACA.- Siendo aún niñas, nuestros padres pactan matrimonios de conveniencia[20].

ELVIRA.- Pasando de la obediencia paterna a la sumisa del esposo dominante.

URRACA.- Hasta que el caprichoso destino nos deje viudas y con una prole numerosa.

ELVIRA.- *(suspira, deseando un final de su vida tan grato)* En el mejor de los casos.

URRACA.- ¡Pues yo me revelo contra ese destino tan cruel!

ELVIRA.- Podéis hacerlo porque sois la reina…, y todos los súbditos os temen.

URRACA.- Cierto. Soy de la opinión de qué, si no te respetan, al menos que te teman.

ELVIRA.- Temer os temen, os lo aseguro. Pero fue decisión de vuestro padre (Alfonso VI) el casaros con el rey Alfonso de Aragón, y no pudisteis libraros tan fácilmente de su tiranía.

URRACA.- Tal que sí, mas, una infanta leonesa no se somete a un bárbaro como él[21].

ELVIRA.- De ahí vuestro encierro en la fortaleza aragonesa de El Castellar[22].

---

20   Según Lucas de Tuy, autor del *Libro de los Milagros*, «careciendo el rey Alfonso de hijo varón, reunió a príncipes y grandes del reino, y les ordenó obediencia a su hija «fasta que Dios le diese hijo que de padre y madre descendiese del linaje real de los godos e ansi fuese rey de las Españas según las leyes e ordenanzas de sus antepasados»». (*La reina Urraca* / Pallarés & Portela. Nerea, pág. 98)

21   La *Historia Compostelana* pone en boca de doña Urraca sus quejas con respecto al aragonés: «*el que no solo me haya injuriado continuamente con groseras palabras, sino que también muchas veces haya llenado de confusión mis mejillas con sus inmundas manos, y hasta ha llegado a herirme con sus pies, justo es que lo sienta toda persona noble*».

22   «Sin confirmar su realización, el cronista anónimo da noticia de un plan urdido por los consejeros del rey para encerrar a Urraca en el castillo de El Castellar. El andar y disponer de Alfonso de Aragón en el reino de su mujer dio por resultado la toma de León y el establecimiento de guarniciones propias en la sede regia; en Sahagún, el dominio del rey consorte tuvo radical expresión en

URRACA.- Así es, y de la que salí triunfante, gracias a los condes Gómez González y Pedro González de Lara. Juntaron sus mesnadas en secreto, cruzaron la frontera y me liberaron del cautiverio. *(se fija en los ojos de Elvira, que están cargados de envidia)*

ELVIRA.- ¡Dios mío! ¡Qué apasionante! Tuvo que ser toda una hazaña.

URRACA.- A uña de caballo salimos de Teruel y volvimos a Castilla.

ELVIRA.- La noticia llegó hasta los arzobispados de Toledo y de Santiago.

URRACA.- Y el arzobispo Bernardo comenzó a enviar misivas a Roma, para que el papa anulara el matrimonio[23].

ELVIRA.- Mi señora, ¿me permitís una maldad?

URRACA.- Se lo que vas a preguntarme: ¿a cuál de los dos condes eligió mi corazón?

ELVIRA.- Bueno, yo…

URRACA.- No os ruboricéis, doña Elvira. Entonces también yo me lo preguntaba.

ELVIRA.- Pero se rumoreaba que el conde Pedro ya bebía los vientos por vos.

URRACA.- Olvidas que en vida de mi padre, los condes y nobles del reino se reunieron cerca de Toledo, y acordaron mi boda con uno de ellos, eligiendo al conde Gómez.

ELVIRA.- Fue vuestra primera elección…, bueno… eso dicen.

URRACA.- Cuando discutí con ese «cruel tirano» que tenía por marido, fui a refugiarme al monasterio de Sahagún, en espera de que las bulas pontificias llegasen. Hasta allí acudió don Gómez, presto a apoyar mis pretensiones y bueno, de la amistad pasamos al…

ELVIRA.- Ahora sois vos quien se ruboriza. Decidlo abiertamente: al amor pasional.

URRACA.- Solo a vos os lo puedo confesar, ahora que no está aquí don Pedro.

---

la decisión de poner a su hermano Ramiro al frente del monasterio». (*La reina Urraca* / Pallares & Portela. Nerea, pág. 72)

23   La *Crónica de Sahagún* dice respecto al matrimonio de Urraca y Alfonso de Aragón: «*Aquesta maldita cópula e ayuntamiento fue ocasión de todos los males que nascieron en Espanna, ca de aquí nacieron grandes muertes, siguieronse robos, adulterios, e casi todas las leyes e fuerças eclesiásticas fueron menguadas e apocadas*».

(entra en la estancia noble el bufón de la corte. Crispín parece alegre y hace cabriolas como si fuera un jovenzuelo, llegando hasta el centro de la escena, frente a la reina)

ELVIRA.- ¡Pero Crispín!, ¿no tenías reuma y cojeabas, tan solo ayer mismo?

CRISPÍN.- Ayer fue otro día y hoy es hoy.

ELVIRA.- Se aprecia que el calor de la chimenea alivió tus achaques.

URRACA.- ¡Ojalá que todos mis males se curaran con el calor del hogar!

ELVIRA.- Los nuestros, desde luego que no. Mejor nacer hombre, torpe y jorobado.

CRISPÍN.- *(mirándola frunciendo el ceño)* Ni una cosa ni otra adornan mi figura.

URRACA.- Lo que sí te adorna es esa manera de contarnos fantasías que nos hacen reír.

ELVIRA.- No te enojes conmigo y sí, cuéntanos tus relatos de damas y caballeros.

CRISPÍN.- ¿Por dónde empezar? ¡Ah sí! Mi sesera tiene un cuento que discurrí anoche.

URRACA.- Sabré si es cierto lo que dices, pues conozco todas tus historias desde niña.

CRISPÍN.- A fe mía que no. Esta va de dos condes que se enfrentan en una corte.

ELVIRA.- ¿Galantes, opuestos y enfrentados por una doncella?

CRISPÍN.- No vais muy desencaminada, mi señora.

URRACA.- Ardo en deseos de conocer vuestro nuevo cuento.

CRISPÍN.- Comenzaré por decir que los dos condes aman a una misma doncella, tanto como se odian entre ellos. La razón es que cada uno intriga contra el otro, al punto de desearse la misma suerte. ¿Qué les impide perpetrar la afrenta?

ELVIRA.- ¿Se arrepienten a última hora?

CRISPÍN.- No es tal, sino el respeto debido al lugar donde se encuentran: la corte.

URRACA.- Despiertas mi curiosidad, prosigue con tu fantasía.

CRISPÍN.- Lo cierto es que se ponen a intrigar cada uno por su cuenta en como acabar con la vida del otro. Sin ser descubiertos, suya será la recompensa. Los dos son duchos en el manejo de las armas, pero uno lo es más con la ballesta y el otro con la espada.

ELVIRA.- ¿Por qué no elige la doncella a su bravo pretendiente y se evita la lucha?

URRACA.- Por alguno de ellos acabará mostrando su inclinación; en el amor no caben dudas, otra cosa es que esta doncella sea una casquivana, que guste de provocarles celos.

CRISPÍN.- ¿Y si cada conde la quisiera a su manera? Siendo dos amores opuestos.

URRACA.- ¿Se puede amar a una doncella de otra manera que con el amor de eros[24]?

CRISPÍN.- Se puede, mi señora: uno la ama con pasión y el otro con mucho respeto.

ELVIRA.- No os entiendo, Crispín. ¿Qué quieres decir con mucho respeto?

CRISPÍN.- El respeto que merece la hija de un rey. *(el amor de philia)*

URRACA.- ¡Acabáramos! Y ¿qué decisión tomó su padre?

CRISPÍN.- Su primera intención fue encerrar a la princesa en la torre más alta de su castillo, hasta que, recapacitando, aceptara casarse con un pretendiente de su alcurnia.

ELVIRA.- Un príncipe, claro está. *(dijo con cierta ironía, mirando de reojo a la reina)*

URRACA.- ¿Qué sucedió después?

CRISPÍN.- Llegó a sus oídos que ambos condes no se habían enfrentado en buena lid. El conde de la ballesta lanzó un dardo por la espalda a su rival, el cual cayó del caballo malherido, haciéndose el muerto. Cuando llegó a su altura, estando seguro de que había logrado su propósito, se confió y se acercó en demasía. Entonces, el conde de la espada sacó una daga escondida en su borceguí y con un movimiento

---

24   Los antiguos griegos empleaban cuatro palabras distintas para definir lo que hoy día conocemos por el término «amor», estas eran: *eros, ágape, philia y storge.* Cada una de ellas tiene un sentido profundo. El *eros* supone el amor pasional, aquel que se deja llevar por el deseo y la atracción; El amor *storge* es fraternal, implica la admiración y el cariño recíproco. En cambio, el *ágape* refiere al amor incondicional, mientras que *philia* es similar a la amistad, supone fraternidad y admiración.

rápido y traicionero se la clavo en el costado. Ambos condes obraron en contra de las leyes de la caballería.

ELVIRA.- ¡Ohhh! Y ¿quién sobrevivió a la pelea?

(sin dar tiempo al bufón a argumentar su estratagema para desvelar a sus señoras lo escuchado en las mazmorras del castillo la noche anterior, añadiendo invenciones de su propia cosecha —que no están muy lejos de la realidad—, irrumpe en la sala de ceremonias el alférez Gonzalo, y con voz grave se dirige a las nobles damas)

GONZALO.- Nobles señoras. ¡El conde don Diego acaba de regresar al castillo, pero lo hace malherido!

ELVIRA.- ¿Dónde está ahora? *(inquiere con evidente preocupación)*

GONZALO.- Mi señor ha pedido ser llevado a sus aposentos, y sin levantar sospechas.

URRACA.- ¿Sospechas de qué, alférez?

GONZALO.- Mi señora, don Diego quiere mantener la moral alta de sus mesnadas. Si le vieran en esa dolorosa situación, decaería el ánimo y sería más fácil el asalto.

ELVIRA.- ¿Mi señora, dais vuestra anuencia para ausentarme y acudir al lecho de…?

URRACA.- Idos sin demora. *(haciendo un ademán consiente que le dejen sola con el bufón. Sale Elvira tras el alférez Gonzalo. La reina mira a Crispín con el ceño fruncido y los puños cerrados. El bufón ahora siente miedo de esos negros ojos inquisitoriales)* ¡Crispín, desembucha cuanto sabes! Hazlo ahora o te corto yo misma la lengua.

CRISPÍN.- *(¿qué malician esos ojos?, dice para sí)* ¿Por dónde queréis que empiece?

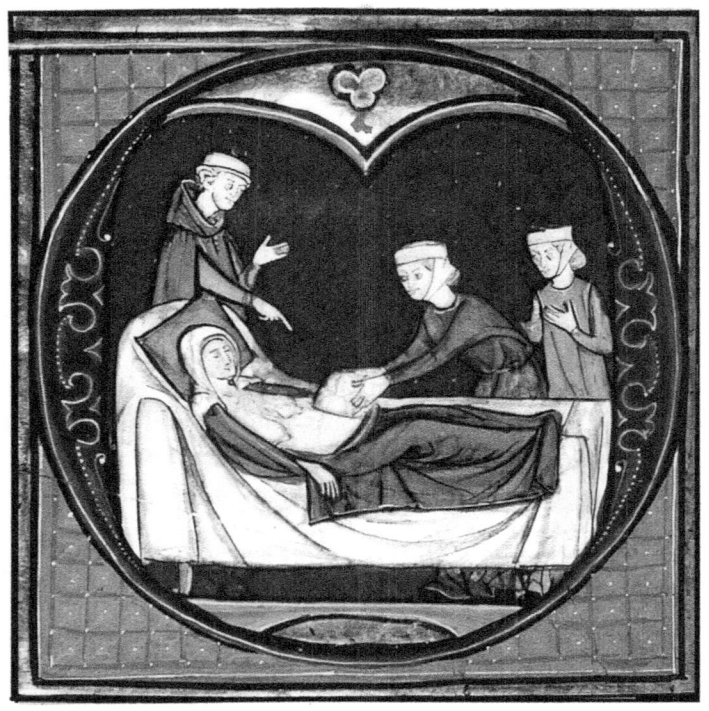

Letra Capitular
(Parto en la Edad Media, con cesárea *post morten*)

Acto Tercero

Escena 1ª

(Tras conocer de primera mano lo sucedido en las mazmorras del castillo la noche anterior, la reina Urraca se sume en un estado de postración. Si, como fabula el bufón, el mortal encuentro se produjo a las afueras del castillo, es posible que también el conde Pedro, aunque malherido, lograse llegar a uña de caballo hasta el campamento donde asientan sus reales las tropas castellanas. El efecto sorpresa está ya descartado, por lo que tratar de interponerse entre el castillo y las huestes leonesas era toda una temeridad. En consecuencia, el conde de Lara junto con sus más fieles caballeros, estará meditando como obrar. ¿Defender el castillo antes de que lleguen los leoneses? ¿Enfrentarse en campo abierto a las huestes de su hijo? Nada bueno saldrá de aquella situación si no interviene a tiempo. Cuenta con el apoyo del abad Bernardo, pero, para conseguirlo, ha de someterse a sus deseos: ¿Firmar el testamento, que su ingrato hijo anhela, dejándole todo el reino para su disfrute? Y si don Pedro muere, ¿recluirse con su séquito femenino en el monasterio de Sahagún? Mientras esto barruntaba para sus adentros, la reina empezó a sentir dolores de parto con más frecuencia y pidió a las criadas que avisaran a doña Elvira de que el momento ya estaba próximo. Y pensó: «Los hijos, como siempre, llegan a este mundo en el momento más inoportuno»)

URRACA.- *(realiza un soliloquio de pie, ante la ventana geminada y mirando al cielo)* ¡Caprichoso destino! Llegué hasta aquí buscando un lugar seguro y se ha vuelto una prisión. Y tú, hijo mío, queriendo nacer. *(se lleva las manos al vientre y lo abraza con pasión de madre. Luego coge asiento y permanece en silencio unos instantes)*

¡Ay mísera de mí, y ay, infelice![25] Apurar, cielos, pretendo, ya que te tratan así. Pues, hijo mío, ¿qué delito vas a cometer contra los demás naciendo? Aunque, al querer nacer ya entiendo el delito cometido. Bastante causa han tenido la justicia y el rigor de mis nobles y clérigos, ¡pues el delito mayor de un bastardo es haber nacido!

(vuelve a realizar una profunda reflexión sobre el momento que vive y la angustia vital que siente por los acontecimientos que se avecinan, sin el apoyo de su amado Pedro)

¡Al cielo te encomiendo, hijo mío! Te llamarás Pedro, como tu padre, pero no heredarás su apellido Pérez, sino el de Nuestro Señor…, y serás conocido como Pedro de Dios[26].

(entra el abad de Sahagún en la estancia noble del castillo y ve a la reina Urraca hablando sola ante la ventana. Desconoce aún las razones por las que le ha liberado)

BERNARDO.- Mi señora, ¿habláis sola?

URRACA.- No, hablo con Dios.

BERNARDO.- Ah, rezáis entonces…

URRACA.- Se podría decir que sí. Suponiendo que rezar sea beneficioso para mí.

BERNARDO.- Rezar siempre es beneficioso. Dios nos escucha.

URRACA.- ¡Ojalá tengáis razón y escuche mis plegarias!

BERNARDO.- *(acercándose a unos pasos de la reina)* Os veo muy desesperada.

URRACA.- Así es. Tan cierto como que estoy dispuesta a aceptar vuestras condiciones.

BERNARDO.- ¿Están ya avisados los dos condes? Se necesitan cinco firmas.

URRACA.- Están…, pero no…, ellos no lo saben.

BERNARDO.- No os entiendo. ¿Qué ha sucedido?

URRACA.- Los dos condes están malheridos. Se enfrentaron entre ellos.

---

25   Comienzo del poema de Pedro Calderón de la Barca, titulado: *La vida es sueño.*

26   *Pedro de Dios (el geómetra)* / J. F. CHIMENO. Editorial Akron S.A., 2010

BERNARDO.- ¡Dios mío! Eso lo cambia todo.

URRACA.- ¡No cambia nada! Es mi voluntad la que vale.

BERNARDO.- Sin dudar de vuestra palabra, mi señora, vuestro hijo quiere....

URRACA.- ¡Quiere, quiere¡ ¿Qué quiere? ¿Acaso no se fía de su madre? *(mira al abad, que la observa con expresión benévola)* Que pregunta más necia. ¿Cómo queréis obrar?

BERNARDO.- Con suma cautela. ¿Recordáis cuando el abad Domingo llegó a Huesca? Entonces los burgueses de Sahagún, los de Carrión y los de Burgos, parciales del rey aragonés y sus caballeros, estaban en abierta rebeldía y, a hierro y fuego, mataban, asaltaban, destruían y robaban por toda la comarca, que en tiempos del rey Alfonso VI, era «güerto deleitoso e placiente».

URRACA.- Eran otros tiempos, difíciles, pero entonces yo tomé decisiones, aconsejada por mis nobles. Y ordené al abad de Sahagún que, en su nombre, escribiese cartas a los que estaban en los castillos de que se guardasen de *El Batallador*.

BERNARDO.- Y disuadisteis al abad de acudir a Roma, para dar cuenta de su situación al papa, prometiéndole que sería de nuevo asentado en su silla abacial. Por eso, el arzobispo de Toledo os tiene en tan alta estima, como ya dije, y por eso estoy yo aquí.

URRACA.- Para protegerme de mi misma. Ya lo habéis dicho antes.

BERNARDO.- Eso era antes. Ahora tengo que protegeros de los demás.

URRACA.- ¡Albricias! Pues empezad por urdir una trama creíble. El tiempo apremia.

BERNARDO.- Cierto, el tiempo apremia. ¿Deseáis ser escuchada en confesión?

URRACA.- Abad, las confesiones pueden esperar. Urge más un milagro.

BERNARDO.- Eso es cierto. Entonces, ¿teméis por vuestra vida?

URRACA.- No os voy a quitar la razón. Pero temo más por la del hijo que llevo en mis entrañas. Me han asegurado las parteras que viene de nalgas.

BERNARDO.- ¡Dios mío! Podéis contar con mis oraciones al Altísimo.

URRACA.- Para lo que necesito, abad Bernardo, no me sois de gran ayuda.

BERNARDO.- ¿Y a quién deseáis recurrir?

URRACA.- A un cirujano que me practique una cesárea, en caso de que...

BERNARDO.- Mi señora, sabéis tanto como yo, que esa intervención quirúrgica solo se permite por la iglesia cristiana en caso *postmortem*, cuando la madre ya ha fallecido, y con la única finalidad de extraer la criatura y poder administrarle el bautismo.

URRACA.- ¿No queda otra solución?

BERNARDO.- Que el cirujano sea judío o musulmán[27]. Aquí, la necesidad de realizar una cesárea para administrar el bautismo, queda fuera de los preceptos religiosos.

URRACA.- Contaba con ello. ¿Podréis hacer ese favor a esta desgraciada reina?

BERNARDO.- ¿Yo? ¡Si vos misma me habéis confinado en los austeros aposentos!

URRACA.- Eso era antes. Ahora tengo que liberaros a mí pesar.

BERNARDO.- Pero, si saliera del castillo, las huestes leonesas lo entenderían como una señal para comenzar el asalto, y la fortaleza de Saldaña sufriría las consecuencias.

URRACA.- También he pensado en ello. Crispín os ayudará a salir sin ser visto, usando los túneles de las mazmorras pronto estaréis fuera y un caballo os espera a la salida.

BERNARDO.- En osadía, mi señora, no os iguala nadie.

URRACA.- Por eso me llaman *La Temeraria*. ¿Recordáis?

(al punto aparece Crispín por la puerta y se dirige cauteloso hacia donde esta la reina)

CRISPÍN.- ¿Me habéis mandado llamar, mi señora?

URRACA.- Así es. Conduce al abad a la salida secreta del castillo. ¿Está el caballo?

CRISPÍN.- El mejor alazán de la cuadra, con las bridas puestas y ensillado.

---

27 La cirugía en la Edad Media estaba influenciada por creencias religiosas y supersticiones, lo que a menudo dificultaba los avances en este campo. A pesar de las dificultades, la cirugía medieval sentó las bases para el desarrollo de la cirugía moderna.

BERNARDO.- En Saldaña hay una floreciente comunidad sefardí[28]. No tardaré en dar con el médico judío. Por fuerza tiene que saber utilizar los cuchillos, pinzas y agujas.

URRACA.- Que llegue sin ser visto con sus utensilios y condúcelo a mis aposentos.

BERNARDO.- Para eso confío en Crispín. Él sabrá como obrar.

CRISPÍN.- Junto con la reina, siendo niña, más de una vez recorrí el laberinto.

URRACA.- Una última petición antes de partir, mi buen abad.

BERNARDO.- ¿Qué más necesitáis, mi señora? ¿Qué trofeo perseguís ahora?

(la reina no solo barrunta salvar al hijo, fruto de su amor con don Pedro, sino que, además, piensa en como ponerlo a salvo de las garras de los esbirros de Gelmírez. Y ha ideado un plan que, de salir adelante, será un secreto tan grande que ni el conde de Lara tendrá noticias del paradero de su hijo. ¡Teme por la vida de Pedro de Dios!)

URRACA.- Al alférez Gonzalo. Quiero que me ayudéis a ponerlo de mi parte.

BERNARDO.- Es un vasallo fiel a su señor.

URRACA.- Pero se ha equivocado de bando. Su señor es un esbirro de Gelmírez.

BERNARDO.- Pero, pero… ¿cómo podéis saberlo? *(inquiere, y el mismo se responde)* ¡Que pregunta más necia! Bueno, por algo sois la reina más astuta que conozco.

URRACA.- Y vos, el abad de Sahagún más leal al arzobispo de Toledo que he visto. Nada sabéis de intrigas palaciegas, es cierto, pero sí de como persuadir a la reina.

BERNARDO.- Aprendí a persuadir a los monjes de mi cenobio. No por ser hombres entregados a Dios son del todo mansos. Los hay rudos y sin disciplina eclesiástica.

---

28   El apellido Saldaña tiene raíces sefardíes, vinculado a los judíos que habitaron en la península ibérica. Su origen probablemente se asocia a la localidad de Saldaña en Palencia.

URRACA.- Pues ahí es donde requiero de vuestra colaboración. También Crispín os ayudará en esa tarea.

BERNARDO.- Hablad sin tapujos. ¿De qué tarea se trata?

URRACA.- No necesito de adivinos para saber que el conde guarda un secreto.

BERNARDO.- ¿Don Diego? ¿Qué secretos puede guardar un conde lejos de la corte?

URRACA.- Tengo mis sospechas… y aunque no he logrado sonsacarle, seguro serán arteros, pues se enfrentó a don Pedro jugándose la vida, y eso me ha hecho recelar.

BERNARDO.- ¿Pensáis que guarda un as en la manga?

URRACA.- Una baza ganadora que no conviene que salga adelante.

BERNARDO.- ¿A quién no conviene? ¿A vos? ¿Al arzobispo Bernardo? ¿A los dos a la vez?

URRACA.- A los dos a la vez. Y eso os atañe, pues está el arzobispo Gelmírez detrás.

BERNARDO.- En cuanto regrese de Saldaña, con el cirujano judío, pondré mis cinco sentidos en esclarecer esa intriga. ¡Dios mío, qué difícil resulta ser abad!

URRACA.- Más difícil resulta ser una reina por derecho y con un reino dividido.

CRISPÍN.- Nada que ver con la labor odiosa de ser el bufón de la corte.

(los tres sonríen maliciosamente. Salen de la escena el bufón y el abad, en busca del pasadizo secreto que lleva a las mazmorras. La reina se queda sola y cae el telón)

Escena 2ª

(El conde de Saldaña no desea que su castillo se convierta en una fortaleza sitiada por el bravo bando leonés y menos defendida por los castellanos; por tal motivo accedió a entrevistarse con el legado del arzobispo Gelmírez. Una misiva con garantías es su mejor baza. Don Diego se encuentra sentado en una cadira, con un fuerte vendaje en la cintura que evita se le salgan los intestinos por la herida que sufrió en la reyerta con el conde de Lara. Su esposa Elvira le observa angustiada y mira intrigada el extraño fulgor de la luna llena. Sale de sus aposentos después de dos días, y se encuentran en la sala noble a la espera de que aparezcan la reina y el abad de Sahagún)

ELVIRA.- ¡Ay, esposo mío! No me gusta nada lo que está sucediendo.

DIEGO.-Ni a mi ese trato insolente que me dispensa el conde de Lara.

ELVIRA.- Me duele en el alma que sea en nuestro castillo.

DIEGO.- En nuestro castillo. ¡Mal rayo le parta! ¡Se ha adueñado de nuestra casa!

ELVIRA.- ¿No prefieres mediar ante la reina?

DIEGO.- Bajo pena de perpetuo disfavor, me veo impedido de mediar ante ella.

ELVIRA.- ¡Qué pocos arrestos tenéis! Bien me decía doña Urraca que…

DIEGO.- ¡Chitón! ¡No me contraries! No hace falta recurrir a las cabañuelas para saber que existen reyertas entre ellos, y que los agravios que sufre la reina deben ser vengados.

ELVIRA.- Veo que se avecinan sucesos tristes y singulares. ¡Mi señor, llevad cuidado! No debéis fiaros de nada ni de nadie.

DIEGO.- Dadlo por descontado. ¿Recuerdas al legado de Gelmírez que llegó hace días?

ELVIRA.- Lo recuerdo. El conde de Lara no le dejo pasar más allá del patio de armas.

DIEGO.- Y se vio menospreciado por don Pedro, quien le tildó de bergante y bribón. Luego, aparte, en un descuido, me entregó una misiva que guardo bajo siete llaves.

ELVIRA.- ¿Qué dice?

DIEGO.- No te conviene conocer su contenido.

ELVIRA.- ¿Desconfiáis de mí?

DIEGO.- Es por causa de vuestra proximidad a la reina…, pero, no temas, en el peor de los casos será una misiva de puño y letra de… bueno, la que nos libre de toda acusación.

(entra el bufón en la sala noble con su gorro de cascabeles, dando cabriolas en el aire)

CRISPÍN.- *(al ver a sus señores platicando en secreto, dice)* Reunión de pastores…

ELVIRA.- … oveja muerta. No te conviene meterte en los asuntos de tus señores.

CRISPÍN.- Yo pasaba por aquí… y, si es menester, me iré por allí con viento fresco.

ELVIRA.- Cuando respondes así es que algo llevas entre manos.

CRISPÍN.- ¡Pobre Crispín, pobre Crispín!

DIEGO.- ¿Pobre Crispín? ¡Yo te daré razones para desear no haber nacido! Ay, ay.

ELVIRA.- Esta noche de luna llena nos va a volver a todos locos.

CRISPÍN.- Y el viento que sopla entre los riscos trae susurros.

DIEGO.- ¿Dice algo que no sepamos? ¡Habla ahora o te corto esa lengua viperina!

CRISPÍN.- Puede ser…, pero si mi señor me corta la lengua no podré confesarle aquello que llego a mis cortos oídos. *(mira aterrado como el conde, al perder la paciencia, saca una daga del cinturón)* Se lo ruego, mi señor, cálmese y le contaré algo que no conoce.

DIEGO.- ¡Cuéntalo de una vez por todas! No sea que nos alcance la noche.

ELVIRA.- *(haciéndole una señal de complicidad, le invita a hablar. Ella le envió a escuchar con sigilo a los aposentos de la reina)* Sí, dinos Crispín aquello que sabes.

CRISPÍN.- Las paredes hablan, mi señora…, y el susurro que emiten no me gusta nada. Quiza sea mejor callarlo todo…

DIEGO.- ¡Suéltalo ya o te cortaré la cabeza de un tajo y la clavaré en una pica!

ELVIRA.- Seguro que lo hará. Y puede que decore tu calavera la repisa de la chimenea.

CRISPÍN.- La reina dice que el castillo está seguro sin más defensores, no habrá asalto, pero una voz apagada le responde que pronto llegarán cien castellanos para defenderlo.

(a instancias de la reina, les confiesa la pronta llegada de los refuerzos castellanos)

DIEGO.- ¿Cómo que una voz apagada? Y ¿mi castillo defendido por los castellanos?

ELVIRA.- ¡Jamás lo permitirá la reina! Aunque su amado conde se lo pida…

CRISPÍN.- … no, mi señora Elvira, ¡su amado conde se lo exige!

(¡Qué diferencia entre uno y otro! De no cortejar a la reina, mi cuerpo podría ser suyo —barrunta para sí doña Elvira, sintiendo una envida insana de aquella relación ilícita)

DIEGO.- Y la reina ¿qué respondió? *(Crispín duda de seguir, pero el conde le lanza un jarro de vino que tiene a mano y el bufón lo esquiva)* ¡Tu calavera no podrá esquivarlo!

CRISPÍN.- Dijo que: ¡el rey soy yo! Pero luego accedido a su voz suplicante.

DIEGO.- ¡Que triste es mi suerte! Me hace lamentar mi lealtad hacia…

CRISPÍN.- ¿Hacia quién? ¿Hacia el conde o hacia la reina?

ELVIRA.- ¡Crispín, que te pierdes! *(exclama tratando de apaciguar a su señor)*

DIEGO.- Elvira, llegas tarde. Hace tiempo que perdió el juicio. *(se refiere a la reina)*

ELVIRA.- Diego, déjalo por imposible. Nada podemos hacer por nosotros mismos.

DIEGO.- ¡Cierto! Y caro me está costando. ¡Ay! *(exclama dolorido)* Los nobles tendrán que ser muy torpes para no ver que el beneficio de su muerte lo es para todo el reino.

(entran las dos criadas con sendos manteles y otros utensilios para preparar un gran banquete. Se quedan paradas en su avance hacia el centro de la escena. Han visto a sus señores hablando airadamente con el bufón de la corte)

1ª CRIADA.- Mis señores, la reina ordena que preparemos la mesa para la cena.

2ª CRIADA.- Es su deseo que se celebre un gran banquete con boato y ceremonial.

ELVIRA.- *(pregunta sin salir de su asombro)* ¿Cómo así? Nada dijo esta mañana.

DIEGO.- ¿Estáis seguras que la reina no desvariaba?

1ª CRIADA.- ¿Desvariar, mi señor?

2ª CRIADA.- Está en su sano juicio.

DIEGO.- Y ¿para cuántos comensales os pidió que se prepare el banquete?

1ª CRIADA.- Para seis, mi señor.

2ª CRIADA.- ¡Ah!, y pide que se coloque un séptimo asiento para el bufón.

ELVIRA.- ¿Estáis seguras de que la reina sigue en sus cabales?

1ª CRIADA.- ¿En sus cabales? Sí, mi señora.

2ª CRIADA.- Tan cuerda como cualquiera de nosotras.

DIEGO.- *(señalando a Crispín con desprecio)* ¿A este puerco? ¿En un lugar destacado?

(Crispín no sale de su asombro, mientras los condes le dirigen sus miradas furibundas. Antes de verle sentado a su altura, el conde prefiere llevar a cabo sus frías amenazas)

1ª CRIADA.- Sí, mi señor, en un lugar destacado: lo más cerca de la chimenea.

2ª CRIADA.- Para que cure su reuma.

CRISPÍN.- Mis señores *(aduce asustado)*, no fue idea mía. Antes prefiero arrastrarme por el suelo, como un perro que mendiga de su señor un mendrugo de pan duro.

DIEGO.- ¡Calla, miserable! ¡Qué deshonra!

ELVIRA.- Conteneos, mi señor. *(viendo en su rostro una expresión de dolor)*

DIEGO.- ¡Por los clavos de Cristo! *(trata de incorporarse del asiento)* Ay, ay, ay.

ELVIRA.- ¡Salid fuera todos! *(detiene a las criadas que intentan socorrer al conde. Las criadas retroceden y hacen ademán de salir; pero la señora recapacita y realiza un gesto con la mano para que se detengan)* ¡Esperad! ¿Quiénes son los seis comensales?

1ª CRIADA.- Mi señora, la reina vendrá acompañada del conde de Lara y del abad del convento de Sahagún.

2ª CRIADA.- Mi señor, cuenta también con vuestra presencia, la de doña Elvira, y la del alférez del castillo.

DIEGO.- *(llevándose las manos a la cabeza)* ¿Qué locura es esta?

ELVIRA.- ¿Está en el castillo el conde de Lara? La reina nada me ha dicho.

DIEGO.- *(mascullando para sus adentros y para el público)* ¡Ese bellaco tendría que estar muerto! Me confié en exceso y le di la oportunidad de vengarse en mí.

ELVIRA.- ¿Qué decís, mi señor?

DIEGO.- Nada, nada. Pero…, ¿no estaba confinado el abad Bernardo?

ELVIRA.- Eso creía yo. ¿Estáis seguras de vuestras palabras?

1ª CRIADA.- Nos lo repitió dos veces, para que no dudásemos.

2ª CRIADA.- Y nos pidió que se lo dijéramos a nuestros señores.

DIEGO.- *(vuelve a repetir para sus adentros)* Encima con sorna.

ELVIRA.- ¿Qué decís, mi señor? Sigo sin entenderos.

DIEGO.- Nada, nada. Pero…, ¿no esta para parir en cualquier momento?

ELVIRA.- De eso no os quepa la menor duda. Me ha pedido la presencia de una partera.

(viendo el interés de los criados en saber cuanto sucede en el castillo, la señora de Saldaña realiza otro ademán, pero en el sentido contrario, para que se alejen y se dediquen a colocar los manteles sobre la mesa. Las dos

criadas, obedientes, se disponen a preparar todo lo necesario: candelabros, platos, cuchara y tenedor, etc.)

DIEGO.- Y tú, maldito bufón, marcha antes de que te dé un puntapié en las posaderas. *(Crispín no espera a una segunda oportunidad y sale como alma que lleva el diablo)*

ELVIRA.- Volvemos a estar solos. Podemos hablar con confianza.

DIEGO.- Si estuviera en condiciones, ese maldito conde no se sentaría a la mesa.

ELVIRA.- No insistáis más, mi señor. Ya tendréis la oportunidad de resarciros.

DIEGO.- ¡Por todos los diablos que así será!

ELVIRA.- Seguís insistiendo en esa misiva. Y más os vale que sea una baza ganadora.

DIEGO.- Tiempo al tiempo. Ya veréis como al final me salgo con la mía.

ELVIRA.- Por lo pronto, lo mejor es que volváis a vuestros aposentos para descansar.

DIEGO.- *(incorporándose con lentitud, y llevándose la mano diestra al costado, dice)* Lleváis razón, esposa mía. No estoy para festejos y banquetes. Ay, ay, ay.

ELVIRA.- *(dirigiéndose a las criadas)* ¡Llamad a la guardia!

DIEGO.- ¡Nooo! Ayúdame tú a llegar hasta la habitación…, no deseo que me vean en este estado. Los vasallos refuerzan su lealtad al ver como el noble se muestra firme.

ELVIRA.- Apoyaros en mi hombro. Yo os cogeré por la cintura.

(ambos avanzan penosamente en dirección a la salida del salón de ceremonias. Hay cosas que tienen que sopesar. Por ejemplo, nadie se explica que la reina requiera de la presencia del alférez Gonzalo; por no hablar del capricho de sentar a la mesa al bufón de la corte. Don Diego maldice la hora en que pudiendo hacerlo no acabó con su vida)

Escena 3ª

(Todo está preparado para el banquete. Se encienden las velas de los candelabros y se avivan las brasas de la chimenea, para que el calor que desprenden llegue más lejos. Los señores del castillo, como anfitriones, están de pie esperando la llegada del resto de comensales. El conde Diego tiene un vendaje en la cintura producto de la cuchillada que le asestó don Pedro. Parece que tardan en llegar, como si todos estuvieran confabulando contra ellos, pero, a la hora convenida, aparece la reina Urraca, seguida del conde de Lara. Este lleva el brazo izquierdo en cabestrillo y en su costado se aprecia la herida originada por el dardo que salió de la ballesta del conde de Saldaña. Ambos se desafían con la mirada, pero en presencia de la reina han de mantener la compostura. Cada uno lleva una daga en el cinturón que ciñe la sobreveste, prenda noble con el escudo bordado de cada casa nobiliaria. Detrás de ellos aparecen el abad Bernardo y el bufón, seguidos de dos soldados del castillo de Saldaña. La tensión se palpa en el ambiente, hasta que el abad rompe el silencio con una simple ocurrencia)

BERNARDO.- Señorías, antes de comenzar el banquete quisiera bendecir la mesa.

URRACA.- Hacedlo sin demora, don Bernardo…, no dispongo de mucho tiempo.

(cada uno se coloca en el lugar convenido. La reina y el conde Pedro en el centro. A derecha e izquierda se colocan los condes de Saldaña. En un extremo de la mesa y próximo a la chimenea está Crispín. El lugar del alférez está vació…, por el momento)

BERNARDO.- *In nomine Patris et Filii et Spiritus Sancti.*

TODOS.- Amén.

BERNARDO.- Bendícenos, Señor, a nosotros y a estos dones tuyos que vamos a tomar y que hemos recibido de tu generosidad. Por Jesucristo, nuestro Señor.

TODOS.- Amén.

URRACA.- ¿A qué se debe la ausencia del alférez del castillo?

DIEGO.- No tardará en llegar, mi señora. Está organizando el cambio de guardia.

(doña Elvira da una palmada al aire y entran las dos criadas, con una jarra de vino y una cesta de pan. Lo colocan en la mesa y comienza el banquete. Al otro lado de la estancia noble se escucha música de chirimías, tamboril y dulzaina. Crispín hace la función del copero mayor, se levanta de su cadira y empieza a llenar las copas de cristal previstas para las grandes ceremonias. Y una vez rebosantes llega el brindis)

URRACA.- Brindemos por una noche cargada de felicidad.

DIEGO.- *(para sus adentros y con el público)* Me temo que será una noche aciaga.

PEDRO.- *(para sus adentros y público)* En cualquier momento puede saltar la chispa.

URRACA.- Y bien, don Diego, ¿podéis contarnos cómo os habéis hecho esa herida?

DIEGO.- Me caí del caballo, mi señora. *(responde mintiendo)*

URRACA.- Y vos, querido Pedro, ¿habéis tenido la misma mala suerte?

PEDRO.- Así es, mi señora, también me caí del caballo. *(responde con media verdad)*

URRACA.- *(con ironía)* Parece que tendréis que volver a dar clases de equitación.

(doña Elvira vuelve a dar una palmada al viento y entran las dos criadas con sendas fuentes de alimentos: carnes de cerdo, perdices, codornices, liebres y otras viandas)

BERNARDO.- Se ve que Dios, en su infinita generosidad, nos quiere hacer felices.

(todos ríen la gracia. Es solo un momento de alegría. Luego vuelven los rictus serios)

URRACA.- En esta ocasión no tendremos a Cripín, para que nos cuente sus relatos de damas encerradas en la torre de un castillo y de caballeros andantes que las rescatan.

(da a entender, insinúa, la experiencia vivida por ella con el rey Alfonso de Aragón. Más no todas las situaciones son iguales: hay damas y damas)

CRISPÍN.- Pero, si me lo permitís, puedo contaros la historia del «cerco de Zamora»[29].

URRACA.- Muy apropiado (Crispín) para el momento que vivimos. Comenzad.

CRISPÍN.- Vuestra tía doña Urraca «se encontraba segura frente a las amenazas de su hermano Sancho, que quería apoderarse de la ciudad. Allí estaba su ayo y alcaide, Arias Gonzalo y sus hijos, y la población de Zamora, que estaba dispuesta a defenderla. Era casi inexpugnable: las murallas y el río la convertían en un bastión difícil de conquistar. Solo cabía dos posibilidades: la negociación con Urraca o sitiar la ciudad. El hambre era la única arma que podía doblegar la férrea resistencia y el valor de los zamoranos»[30].

URRACA.- ¿Cómo estáis de avituallamientos don Diego? *(alega la misma situación)*

DIEGO.- Como podéis apreciar, majestad, no falta de nada para resistir un largo asedio.

CRISPÍN.- ¿Puedo continuar o me dedico a hacer cabriolas?

URRACA.- Ya no estás para muchas cabriolas mi querido Crispín. Sigue con el relato.

---

29   El cerco de Zamora es un episodio crucial en la historia medieval de España, marcado por luchas de poder y lealtades fracturadas. Este asedio tuvo lugar en el siglo XI, en un contexto de conflictos familiares entre los hijos de Fernando I. Durante más de siete meses, los defensores de la ciudad con la infanta Urra dentro, se enfrentaron las ambiciones de su hermano Sancho II, dando lugar a una serie de eventos que cambiarían el rumbo de la historia de León y de Castilla.

30   *Urraca, Señora de Zamora* / Amalia Gómez. Edit. Almuzara, 2007.

CRISPÍN.- «Urraca vivía en su palacio, situado cerca del primer recinto de la muralla, casi pegado a una puerta *(que el paso del tiempo convertiría en ruinas)*, a la que los zamoranos llamarían *Puerta de Doña Urraca*»[31]

PEDRO.- La Puerta de la Traición, para los castellanos. *(le interrumpe con rencor)*

DIEGO.- La Puerta de la Lealtad, para los leoneses. *(le corrige con desprecio)*

URRACA.- En todo caso, ¡la puerta de mi tía! *(exclamó la reina poniendo orden)*

CRISPÍN.- La infanta era la *Señora de Zamora*, y tenía el poder que le otorgaba su condición de domina de todos los monasterios de su herencia. *(era una mujer que ahora tenía poder, el que le habían otorgado los zamoranos y el que le reconocía el alcaide de la ciudad, su ayo Don Arias)* Pero su hermano había colocado su campamento junto a las murallas de Zamora, y alguien dijo haber escuchado decir al Rey: «Ved cuán fuerte es esta villa; no pueden combatirla ni moros ni cristianos. Si pudiera obtenerla de mi hermana por compra o por trueque, sería ya Señor de toda Hispania».[32]

DIEGO.- Ved la gran osadía del rey castellano.

PEDRO.- Olvidáis que antes fue infante leonés y primogénito, con derecho a reunir todos los reinos de su padre Fernando I bajo una sola corona: la de Castilla y León.

BERNARDO.- Los dominios se merecen por la Gracia de Dios, no se compran o truecan *(cambian)*.

URRACA.- Mi abuelo los repartió entre sus dos hijos…, y no se olvidó de las infantas.

CRISPÍN.- Envió el rey al valeroso Rodrigo Díaz de Vivar para que la infanta Urraca, en audiencia privada, conociese sus propuestas. «El rey Sancho había tomado Toro, solar de su hermana Elvira, y esto le hacía presagiar a Urraca lo peor […] Ella no podía defender Zamora recurriendo a la formula del «juicio de Dios» porque era mujer».[33] En nombre de los sitiados habló Don Nuño y le reiteró a don Rodrigo (el Cid) la libre voluntad de los zamoranos de defender la plaza con sus vidas, junto a la infanta Urraca.

---

31 Ibidem.
32 Ibidem.
33 Ibidem.

DIEGO.- Y aquí aparece el valeroso Vellido Dolfos que se enfrentó en buena lid…

PEDRO.- …¡El traidor Vellido que le atacó por la espalda! *(exclamó furibundo)*

URRACA.- *(sintiendo un fuerte dolor de parto)* ¡Silencio! *(y mira al bufón)* Prosigue.

(Crispín, viendo lo enconado de la situación entre los dos condes, trata de abreviar y terminar cuanto antes)

CRISPÍN.- El caso es que Vellido Dolfos, al que las *Crónicas* acusan de mantener relaciones carnales con doña Urraca *(lanza una mirada furtiva al conde Pedro)*, obró el milagro de evitar que la ciudad acabara rendida por el hambre y la llegada del invierno. «A Zamora llegaron noticias de cómo Vellido Dolfos había ido a la tienda de campaña de don Sancho, besándole la mano en señal de vasallaje, y aún se insistía en que el rey estaba dispuesto a hacerle alcaide de la ciudad si conseguía que se rindiera».[34]

PEDRO.- Ved la actitud de un ser taimado. ¡Un bellaco!

DIEGO.- Ved la astucia de un hombre fiel a la Infanta.

URRACA.- ¡Silencio! Pido por última vez; de lo contrario…, bueno, prosigue Crispín.

CRISPÍN.- Dicen que Don Arias, el ayo de la infanta, sobre la muralla, advirtió al rey Sancho de la traición de Vellido y que este no le escuchó. *(«¡Rey don Sancho, rey don Sancho, no digas que no te aviso / que de dentro de Zamora un alevoso ha salido / llámase Vellido Dolfos, hijo de Dolfo Vellido / cuatro traiciones ha hecho, y con esta serán cinco…»)* Lo cierto fue que, cerca del Postigo de la Arena, cayó herido de muerte el rey Sancho[35] por un venablo de Vellido, que rápidamente se refugió en Zamora.

---

34   Ibidem.

35   «El cadáver de don Sancho fue trasladado al monasterio de Oña, donde recibió sepultura, cerca de la tumba en la que yacía su abuelo Sancho III *El Mayor* de Navarra. El epitafio de la tumba reza para toda la eternidad: «*Yace en esta tumba el polvo y la sombra de Sancho. Era un Paris por lo hermoso; un Héctor por lo fiero en las armas. Le quitó la vida su hermana, mujer de ánimo cruel que no le lloró. Fue*

DIEGO.- ¡Un acto de traición! *(exclama poniéndose de pie y sacando su daga de la funda de cuero que pende del cinturón)*

PEDRO.- ¡Un acto de justicia! *(exclama incorporándose y sacando la daga le amenaza. La tensión se extrema hasta límites insospechados. La reina leonesa se levanta también, dispuesta a acabar de un plumazo con este gran desafío que mantienen los dos condes)*

URRACA.- ¡Que callen las armas y que hablen las plumas! Abad Bernardo, mostrad el testamento que hemos firmado. Aún faltan dos confirmantes que lo validen: don Pedro y don Diego. *(los condes se quedan perplejos por el giro que dan los acontecimientos. El abad de Sahagún muestra el documento que la reina ha aceptado, en el que se explicitita que el Reino de León no se va a repartir entre los herederos de doña Urraca —su hijo bastardo Fernando Pérez, nacido de una relación ilícita con el conde Pedro, frente al infante Alfonso Raimúndez-, sino que, siguiendo la larga tradición astur-leonesa, pasará al único heredero varón legítimamente aceptado por el Papa de Roma)*

BERNARDO.- «Yo, la reina Urraca, entrego todos mis reinos y títulos heredados de mis antepasados, al legitimo heredero don Alfonso, hijo fruto de mi matrimonio con el conde Raimúndez de Borgoña. Y para que así conste, lo validan los abajo firmantes».

DIEGO.- *(satisfecho de la elección)* Yo, Diego de Saldaña, lo firmo de propia voluntad.

PEDRO.- *(viendo que su sueño de volver a ver Castilla separada de León se desvanece)* Yo, Pedro de Lara, lo firmo contra mi voluntad..., por amor a la reina Urraca I de León.

BERNARDO.- ¡Viva la reina! *(y todos respondieron como una sola voz: ¡Viva!)*

URRACA.- La reina vive, gracias a su astucia. ¡Salvo Crispín, todos intrigáis contra mí!

(Se produce un trueno, posterior al resplandor del rayo. Todos quedan sobrecogidos, tanto por el estruendo como por las palabras de la reina. En su rostro se dibuja una expresión siniestra. «Mal presagio» —murmura para sus adentros—. Tenía veintidós años (1081-1103) cuando su tía-abuela Urraca,

---

muerto sobre Zamora el 7 de octubre de 1072 por el mal consejo de su hermana Urraca y por la mano de Vellido Dolfos, gran traidor».

la Señora de Zamora, abandono este mundo, pero lo recordaba como si fuera ayer. Entonces, acudió a su lecho de muerte para despedirse de ella y sucedió que, antes de expirar, un sonido atronador llenó toda la estancia. Urraca abrió los ojos y sus últimas palabras fueron para decir: «Es la hora».

De la Domina del Infantado leonés había recibido muchos y buenos consejos, entre otros, distinguir las virtudes y las debilidades de los hombres, analizando sus cuatro humores. «Si Dios no lo remedia pronto nos reuniremos en la otra vida, querida tía, pero antes he de resolver un asunto importante para mí reino, y debía de hacerlo aquí, lejos de las intrigas de la corte. Luego me encomendaré al Altísimo, y si Él me reclama, yaceré en el Panteón de Reyes de San Isidoro, cerca de ti… y lejos de mi padre».

Otra advertencia, no menor, aún resonaba en sus oídos como una sentencia: «Querida sobrina, si alguna vez llegas a tener que soportar el peso de la corona, ¡Dios no lo quiera!, te verás obligada a delegar en muchos de tus súbditos, pero no has de fiarte de ninguno por completo». Este consejo, además de tenerlo presente toda su vida, le servía ahora, reunidos todos los sospechosos de haber conspirado contra ella, para resarcirse de sus torpezas por querer anular su voluntad. «¿Creen que con sus intrigas y añagazas pueden engañar a su reina? ¡Qué ilusos!». Todos, sin darse cuenta, habían actuado como simples marionetas movidas por los hilos de su astucia y todos, menos Crispín, iban a quedar al fin desenmascarados. El primero en preguntar fue don Diego)

DIEGO.- ¿Yo, mi señora? ¿Cuándo intrigué contra vos?

URRACA.- ¿Cuándo dejasteis de hacerlo? ¡Habéis recibido al legado del Gelmírez!

BERNARDO.- ¿Y yo, mi señora? ¿Cuándo intrigué contra vos?

URRACA.- Llegasteis al asomar la noche solo con un oscuro proposito: el testamento para Alfonso.

PEDRO.- ¿Yo también, mi señora? ¿Cuándo os ofendí con mi amor desinteresado?

URRACA.- Me duele admitir que amas más a vuestra Castilla que a la reina de León.

ELVIRA.- ¿Yo, mi señora, en mi insignificante estado? ¿Cuándo intrigué contra vos?

URRACA.- Solo diré que de todos los que intrigasteis contra mí, uno desea mi muerte.

(se produce un silencio sepulcral…, hasta que hace su aparición en la escena el alférez del castillo, don Gonzalo. Entra desaforado, como si hubiera visto al mismísimo diablo)

GONZALO.- ¡Señorías, el castillo se encuentra rodeado por cientos de antorchas!

DIEGO.- *(a su alférez)* ¡Que suban el rastrillo y abran el portón a los leoneses!

PEDRO.- ¡Jamás! Serán mis huestes castellanas las que defiendan las almenas.

(como si fuera un vaticinio, la reina Urraca siente que su tiempo se acaba y un fuerte dolor de parto la obliga a coger asiento. Se pone lívida y doña Elvira, presta acude a su lado. Mala hora es en la que los leoneses y castellanos a punto están de enfrentarse)

ELVIRA.- ¡Silencio! La reina ha roto aguas. *(¡qué ironía del destino! El hijo que puede nacer será tan leonés como castellano)*

(sonó atronador y los invitados deponen su ira. En sus rostros se refleja preocupación)

DIEGO.- ¡Que acudan las criadas y lleven a la reina a sus aposentos!

PEDRO.- Yo estaré a vuestro lado el tiempo que haga falta.

URRACA.- *(viéndose asistida por las criadas, que acuden a la orden de su señor, aún le queda un hálito de fuerza)* Abad Bernardo: ¿está todo dispuesto en mis aposentos?

BERNARDO.- Lo está, mi señora. *(responde cariacontecido, pues se teme lo peor)*

URRACA.- Tan solo os queda mostrar vuestras dotes de convicción.

BERNARDO.- Don Gonzalo, permaneced a mi lado, y tu Crispín, síguenos también.

GONZALO.- Mi deber, don Bernardo, es defender el castillo.

URRACA.- Obedeced al abad. ¡Os lo ordeno! *(mirando a Crispín)* Recuerda cual es mi último deseo. *(En la vida el atuendo nos hace distintos, pero todos morimos descalzos)*

ELVIRA.- ¿Y yo, mi señora? *(baja los ojos, viendo la mirada desafiante de la reina)*

URRACA.- Seguidme a mis aposentos; puede que veáis cumplidos vuestros deseos.

(sale de la escena la reina Urraca, sostenida en cada brazo por una de las criadas. La condesa Elvira les sigue con enorme preocupación. Si los rumores son ciertos, la vida de la reina corre grave peligro en el parto que está a punto de producirse)

BERNARDO.- ¿A qué esperamos, don Gonzalo? ¡Cada día tiene su afán!
(Mateo 6:34)

(Entonces, siguiendo las instrucciones de la reina Urraca, de camino a la salida del castillo, por el laberinto de pasadizos que también conoce el alférez, el abad Bernardo va ganándose su confianza y explicándole la situación real de lo hasta ahora sucedido. La escena se queda en penumbra y con los dos condes desafiándose con la mirada)

DIEGO.- Reconocedlo, don Pedro. Habéis perdido vuestra apuesta.

PEDRO.- Don Diego. Algún día Castilla volverá a ser un reino independiente.

DIEGO.- El tiempo corre en vuestra contra. Alfonso Raimundez[36] será el rey de todos.

---

36 Alfonso VII nació en marzo de 1105, en Galicia, en un contexto marcado por la inestabilidad dinástica que dominaba el reino de León y Castilla. Era hijo de Urraca, infanta de León, y de Raimundo de Borgoña, un noble borgoñón. La situación política en la que nació fue compleja desde el principio.
La nobleza castellana, acostumbrada a un cierto grado de independencia durante los años de gobierno de Alfonso VI, no estaba dispuesta a someterse fácilmente a la autoridad central. En este sentido, uno de los primeros grandes desafíos de Alfonso VII fue imponer su autoridad sobre los nobles rebeldes, especialmente aquellos que habían ganado poder durante la regencia de su madre.
Entre los nobles más influyentes que se opusieron a su autoridad estaban «los Lara» y el asturiano Gonzalo Peláez. Entre 1130 y 1133, Alfonso VII tuvo que sofocar diversas rebeliones de estos magnates del reino, lo que le permitió comenzar a consolidar su poder.
En el ámbito político, uno de los eventos más significativos durante los primeros años de su reinado fue la firma de la *Paz de Támara* en 1127, con Alfonso I el Batallador de Aragón. en las que se establecieron las fronteras entre el reino leonés

PEDRO.- No lo dudo, pero ¿quién sabe? Quizá el joven rey acabe siendo el padre de dos hijos varones y vuelva a repartir sus reinos entre ellos[37], como ya hiciera su abuelo.

DIEGO.- ¡Dios no lo quiera! ...de lo contrario, nada habremos aprendido de la historia.

PEDRO.- No digo que la historia se repita siempre, pero hay buenos ejemplos que lo demuestran. Aun así, yo esperaba de ella *(la reina)* que atendiera a mis peticiones, mas, ya veis, después de meses de súplicas para que me dejara gobernar Castilla, pudo más su predilección por León que nuestros años de convivencia…, incluso que el amor de nuestros hijos Elvira y Fernando…, y el que está por venir.

DIEGO.- Para evitarlo, por si la reina dudaba, guardo un as en la manga, que ahora no sirve de nada. Una baza que tiene poderosos abales *(sin mencionarlo, don Pedro sabe que detrás de todo está Gelmírez)* y que me llevaron a intentar acabar con vuestra vida.

PEDRO.- ¡Por todos los diablos! Casi lo conseguís.

DIEGO.- Así fue, más el exceso de confianza, en el manejo de la ballesta, pudo costarme muy caro.

---

y el aragonés, volviendo a los límites fijados por Sancho III el Mayor, y se zanjan las disputas entre ambos firmantes, renunciando el monarca aragonés al título de emperador que había utilizado entre 1109-1114, tras su enlace con Urraca I de León. Evitaron el choque entre ambos, y consolidaron a Alfonso VII en el trono leonés, lo que le permitió centrara su atención en la unidad interna de su reino.

Con Portugal, las relaciones fueron más pacíficas, pero también pasaron por momentos tensos. El condado de Alfonso Enríquez no se sometió de inmediato a la autoridad de Alfonso VII, y fue solo en 1143 que Alfonso Enríquez reconoció la supremacía del reino de León. Sin embargo, la relación entre el conde y su señor fue siempre tensa, debido a las ambiciones de Portugal por expandir su territorio y obtener mayor independencia.

37   Una de las decisiones más significativas de Alfonso VII antes de su muerte fue la división de su reino entre sus dos hijos varones, Sancho III y Fernando II. Sancho III heredó el reino de Castilla, junto con sus territorios dependientes, como Toledo y la Extremadura castellana, mientras que Fernando II recibió León y Galicia. Este nuevo reparto dividió el reino heredado de su madre, Urraca I, lo que reflejó la incapacidad de Alfonso VII para consolidar una unidad duradera en la Península Ibérica. La división de sus dominios provocó una nueva fragmentación del poder en los reinos cristianos y el fin de la idea de un solo reino unificado bajo una monarquía imperial.

PEDRO.- Y ahora hete aquí, don Diego, en este duro trance haciéndonos compañía.

DIEGO.- ¡Qué ironía del destino! Ayer no más eramos enemigos irreconciliables y ahora…

PEDRO.-…y ahora vasallos de un mismo rey, mal que me pese.

DIEGO.- Como bien decís, don Pedro, todo puede cambiar de un momento a otro.

(en estas tribulaciones estaban los condes, mientras esperaban el resultado del parto. La tardanza de noticias no auguraba nada bueno, y la preocupación crecía en la misma proporción al tiempo que pasaba tan lentamente. Luego, oyen pisadas apresuradas)

ELVIRA.- *(entrando en la escena)* ¡Dios mío, Dios mío!… la reina ha muerto.

PEDRO.- *(llevándose las manos a la cabeza)* ¿Y el hijo? ¿Vive?

ELVIRA.- No, el cirujano judío intentó rescatarlo de la muerte, pero todo fue inútil. Lo han envuelto en un sudario y llevado a la tumba.

DIEGO.- ¿Un cirujano judío? ¿De dónde ha salido?

ELVIRA.-Nadie lo sabe, como nadie sabe por dónde entró en el castillo.

PEDRO.- ¡Muerto mi hijo! De vivir se hubiera criado con sus hermanos Fernando[38] y Elvira[39]. *(intenta llegar al aposento de la reina, pero su estado se lo impide)* Ay, ay, ay.

---

38 Fernando Pérez de Lara (1114-1156). Llamado «el Furtado» (probablemente, por haber sido privado del trono. Al ser escondida su existencia y no poder tener ninguno derecho a la herencia que le hubiera podido corresponder.), nació en el castillo de Saldaña. Fue Señor de Mendívil, Ricohombre de Álava. Acompañó a su medio hermano Alfonso VII en la Campaña contra Portugal cayendo prisionero de Alfonso Enríquez en la batalla de Mamede, en 1128. Junto a él cayeron también prisioneros Ponce de Cabrera y Vermudo Pérez. Debió llegar a algún acuerdo con su captor portugués pues el mismo año de su captura aparece confirmando junto al monarca luso una donación al Monasterio de San Juan de Tavora. En septiembre del año siguiente, sin embargo, aparece de nuevo confirmando privilegios en Santiago junto a Alfonso VII y Ponce de Cabrera. Quedó en ese reino y aparece en 1140 en el Convento de San Juan de Tarouca confirmando un documento como Ferdinandus Furtado, *frater Imperatoris.*

39 Elvira Pérez de Lara (1110-1174). Su primera aparición en la documentación medieval fue el 14 de abril de 1122 cuando confirmó en el Monasterio de

(aparecen en la escena el abad Bernardo, seguido del bufón real y del alférez Gonzalo. Tras ellos le sigue un personaje embozado, que solo deja ver sus ojos escrutadores)

BERNARDO.- *(viendo la desesperación en los rostros de los tres nobles)* ¿Qué sucede?

ELVIRA.- *(con llanto en sus ojos)* Abad Bernardo, ¡la reina ha muerto!

(el personaje embozado deja caer el manto que lo oculta. Los tres nobles se quedan perplejos. ¿Cómo es posible? ¡El hijo de doña Urraca y del conde Raimundo está allí, entre ellos! ¿Cómo pudo entrar en el castillo? Se preguntaban los dos condes y Elvira)

BERNARDO.- ¡Tan amada por su pueblo como censurada por sus nobles! Que Dios la tenga en su santa gloria. Mas, condes, el heredero al trono está aquí: ¡Viva el rey!

TODOS.- *(ante el asombro general, gritan)* ¡Viva!

(Los condes, aunque malheridos, hincan su rodilla en señal de sometimiento; mientras que doña Elvira acude a realizar el acto del besamanos. La autorial real se restablece)

(Con el paso del tiempo, aquel niño de corta edad, nacido en Caldas de Reis en 1106 —que había estado a punto de caer en las garras de su padrastro Alfonso de Aragón en la «Batalla de Villadangos» (1111)—, se había tornado en el príncipe valeroso, al que todos sus vasallos admiraban por su bravura y gallardía. Aunque, con tan solo veintiún años y una posición

---

San Pedro de Arlanza un «acuerdo sobre términos y fueros entre los consejos de Pinilla y Renedo y e de Santa María de Retortillo». En 1141, Elvira intervino con sus parientes en otra donación al monasterio de Arlanza y en 1147 confirmó el fuero otorgado por su madrastra, la condesa Ava, a los habitantes de Tardajos. El emperador Alfonso VII había concedido a su medio hermana Elvira, las villas de Nogal y Olmillos, en el Camino de Santiago, por su matrimonio con el conde Beltrán. En enero de 1168. Elvira donó dichas villas al monasterio de Sahagún en León. Su última aparición en la documentación fue en 1174 cuando confirmó la donación de Nogal y Olmillo al monasterio de Sahagún y probablemente falleció en ese año o en el siguiente.

dominante en aquella «partida de damas» que sostenía con su madre, des-
de el instante en que su ambición creció en igual medida que sus desafíos,
ahora podía acabar en derrota.

Su madre le había reconocido como rey de Galicia en 1111 y Diego
Gelmírez le había coronado, para, enseguida, encabezar la resistencia de los
leoneses contra las ambiciones de su padrastro -Alfonso I (el Batallador)-,
realizando varias campañas para recuperar los territorios que el rey de
Aragón retenía después de separarse de Urraca. Luego, en 1117, cuando
reconcilió a Urraca con su hijo, el poder e influencia del arzobispo Gelmírez
alcanzaron el punto álgido, que incluso se vio incrementado cuando el
papa Calixto II confirmó su bula de 26 de febrero de 1120, erigiendo en
arzobispado la sede Compostelana, dándole la metrópoli de Mérida y sus
sufragáneas.

Entonces, ¿qué podía importunar al heredero legítimo el nacimiento
de otro hermano bastardo? Ciertamente no era ese el mayor motivo de su
preocupación -al fin y al cabo, ya tenía dos hermanastros-, y por el cual ha-
bía instado al abad de Sahagún, bajo la mediación del arzobispo de Toledo,
a personarse en el castillo-palaciego de Saldaña, como adelantado de un
gran ejército, sino, por contra, la interesada influencia del conde de Lara
sobre Urraca, para que testase a su favor y le concediese Castilla.

¡No podía permitir qué, presa del estado de agitación, la reina accedie-
ra a sus deseos, y por deferencia al amor que sentía hacia don Pedro, cam-
biara el testamento!

Este, en definitiva, era el infante legatario que ahora les desafiaba con
su dura mirada)

ALFONSO VII.- Nobles señores, que la paz reine en esta casa. ¡Levantaos!

BERNARDO.- Don Gonzalo, acudid a las almenas y detened la
confrontación.

GONZALO.- ¿Cómo? El bramido de sus gritos ahogará mi voz.

ALFONSO VII.- Haced la Señal de la Cruz con una antorcha. Mis nobles
saben lo que eso significa y detendrán el asalto (*sale el alférez del casti-*
llo en dirección a las almenas defendidas por los castellanos). Mientras,
abad Bernardo, disponed todo lo necesario para que la reina sea tras-
ladada hasta la abadía de Sahagún…, y desde allí hasta León.

BERNARDO.- No más antes de ayer, ella me aseguró que solo volvería al
convento de Sahagún con los pies por delante…, y acertó. Dispondré

de inmediato todo lo necesario para la marcha. La cruz y ciriales encabezarán la comitiva fúnebre.

ALFONSO VII.- Detrás del catafalco saldremos en doliente procesión. Más adelante, los nobles, hombres buenos y vasallos del reino se unirán a nosotros por el largo camino.

BERNARDO.- ¡Habló el rey! ¡Que su voz llegue hasta los confines de todo el reino!

DIEGO.- Dos mensajeros saldrán hacia León, la Asturias leonesa, Galicia y Portugal.

PEDRO.- Otros dos saldrán hacia Burgos, el Señorío de Haro[40], la Asturias castellana y Toledo (el arzobispo Bernardo esperaba impaciente el resultado de todo lo acontecido)

BERNARDO.-¡Tañerán las campanas siguiendo a la reina, desde la primera villa hasta el último villorrio! El pueblo leonés, que la admiraba por su arrojo, saldrá a despedirla con llanto en los ojos, de aquí hasta el *Panteón de Reyes* de San Isidoro.

ALFONSO VII.- Al fin la muerte le dará el descanso que no tuvo en vida.

BERNARDO.- *Requiescat in pace (que él/ella descanse en paz)*

TODOS.- *(como si fuera una oración)* ¡Amen!

CRISPÍN.- *(haciendo una gran reverencia, se dirige hacia el rey con tono suplicante)* Majestad, el deseo de mi reina, así me lo confesó en vida, era ser «enterrada descalza».

ALFONSO VII.- ¿Qué curioso deseo? Bueno, ¡que se cumpla su última voluntad!

(Crispín sonrió maliciosamente. Pues, bajo sus pies, y los pies de los allí presentes, si se estaba cumpliendo la última voluntad de doña Urraca. Aunque el tiempo había barrido algunas de sus esperanzas juveniles, la reina mantuvo, hasta su último aliento, la fe en el pueblo leonés que la amaba más

---

40 Lope Díaz I de Haro (1124-1170), cuarto señor de Vizcaya, quien incorporó el topónimo de la villa a su apellido. Durante bastante tiempo no pudo ejercer el señorío por encontrarse la zona ocupada por aragoneses partidarios de Alfonso I de Aragón, esposo hasta 1114 de Urraca I de León y Castilla.
Al fallecer esta, su hijo Alfonso VII de León volvió a reclamar Castilla, apoyado por Lope, apoderándose de La Rioja, para recompensarle Alfonso VII le confirmó en el señorío que le habían arrebatado.

que sus nobles. Mas, a no ser un adivino, ¿quién podía saber de sus últimos pensamientos?)

CRISPÍN.- *(dirigiéndose al público)* Antes de morir, Urraca tuvo destellos de lucidez y se vio de niña correteando, primero en Sahagún y luego en Toledo, hasta que una voz amable la reprendió y se detuvo, giró la cabeza y reconoció la figura de don Bernardo. Cada vez que el abad benedictino, y luego arzobispo toledano, se encontraba con unos escarpines tirados por el suelo de sus dominios eclesiásticos o en las cálidas estancias palaciegas, cuando era convocado por el rey, amonestaba a la infanta leonesa diciéndole:
¡Urraca!, si el caprichoso destino quiere alguna vez que gobiernes, ¿acaso desearás ser conocida como «la reina descalza»? Aunque, bien pensado, seguramente lleveis razón *(se responde, quien había pasado del hábito benedictino a la vestimenta de arzobispo)*, pues «en la vida el atuendo nos hace distintos, pero (al final) todos morimos descalzos».

FIN

SARCÓFAGO URRACA I

Panteón Real de San Isidoro (siglo XII)
(sarcófago de la reina Urraca I) (1081-1126)
Dibujo de Carlos Sáez López

Epílogo

Y la amenaza de las armas cesó. Las huestes leonesas mantuvieron las antorchas encendidas alrededor del castillo en señal de respeto, y el silencio se adueño de la vega del rio Carrión. Antes de que amaneciera, el pueblo entero se trasladó ante el portón del castillo para rendir su último homenaje a la reina de León, poniéndose de hinojos, y un torrente de lagrimas contenido se desbordó al ver aparecer el cuerpo inerme sobre un catafalco, con los pies descalzos, escoltado por las huestes castellanas del conde Pedro.

Los bravos leoneses abrieron paso a la escolta y dejaron que avanzara sin ofrecer resistencia. Todos se postraron ante *La Temeraria* como si les fuera la vida en ello, con sentida nostalgia de una reina amada por su pueblo. Abriendo la marcha iba el abad Bernardo, seguido de una cruz y dos ciriales, sustentados por tres monjes llegados del monasterio de Sahagún. Hacia allí se dirigían, arropados por el triste sonido de las campanas de Saldaña, tañendo a muerto. Tras salir de la fortaleza el último de los castellanos, apareció el joven rey de veintiún años, a lomos de un corcel de guerra negro y entonces las huestes leonesas se sumaron a la comitiva fúnebre, en una larga hilera espectral que no cejaría de aumentar, en cuanto la noticia se fuera conociendo.

¡Urraca, con su última voluntad, había obrado el milagro de unir a todo un pueblo entorno a la corona que ahora sustentaba firme sobre sus sienes Alfonso VII!

Mientras esto sucedía, por el laberinto de cuevas artificiales el alférez Gonzalo —ataviado con los atuendos de la Orden Hospitalaria—, se valía de una antorcha encendida para, a través del pasadizo, buscar la ruta de escape, en un complejo sistema de cuevas artificiales. Afuera le esperaba el mejor alazán de la cuadra, con las bridas puestas y ensillado. Con un movimiento ágil se subió al caballo y lanzando una última mirada a la reina Urraca, que ponía rumbo a Sahagún, clavó las espuelas en el vientre del animal.

«*Alejándose de aquel lugar, un jinete solitario rasgaba el velo de la noche, huía lanzándose a galope tendido al encuentro con el Camino de Santiago. El caballero hospitalario fustigaba su montura por collados y veredas, evitando los pasos transitados y las calzadas reales; no en vano llevaba oculto en su regazo un preciado tesoro. Este no era otra cosa que un niño recién nacido, envuelto en finos pañales de rica seda sujetos por un deslumbrante y valioso «broche esmaltado» de Limoges.*

¡Su vida corría grave peligro!»[41].

José Mª Fdez. Chimeno

---

41 *PEDRO DE DIOS (el geómetra)* / J.F. Chimeno. Editorial Akron S.A., 2010; pág. 22.

8 de marzo de marzo de 2026,
Día Internacional de la Mujer y 900 Aniversario
de la muerte de la reina Urraca I de León.